TEÁTICAS DA TENEPES

Flávio Amado (Org.)

TEÁTICAS DA TENEPES

GPC TENEPES – PORTO ALEGRE

EDITARES

Foz do Iguaçu-PR

2017

Capa: Ernani Brito.
Revisão: Eucárdio Derrosso, Liege Trentin, Miriam Kunz, Moacir Gonçalves, Pilar Alegre, Tiago Ornelas e Tony Musskopf.
Diagramação: Epígrafe Editorial.
Impressão: Impressul.

Dados Internacionais de Catalogação na Publicação (CIP)

T253

Teáticas da tenepes : GPC Tenepes – Porto Alegre. / Flávio Amado (Org.) – Foz do Iguaçu : Editares, 2017.

262 p. ; il.

Inclui bibliografia

ISBN 978-85-8477-063-2

1. Conscienciologia. 2. Tenepessologia. 3. Tarefa energética pessoal. 4. Grupos de Pesquisa Conscienciológica. I. Título.

CDD 133

Tatiana Lopes CRB 9/1524

EDITARES

Associação Internacional Editares
Av. Felipe Wandscheer, 6.200, sala 107, Cognópolis
Foz do Iguaçu, PR – Brasil – CEP: 85856-530
Tel/Fax: + 55 45 2102 1407
E-mail: editares@editares.org *Website:* www.editares.org.br

DEDICATÓRIA

Dedicatória. Oferecemos esta obra conscienciológica, fundamentada em nossas teáticas, aos interessados nos temas relacionados à tarefa energética pessoal (tenepes), a aqueles que estão pensando em iniciar as práticas, aos tenepessistas e aos pesquisadores da Tenepessologia.

Fomento. Cientes de que não se trata de uma obra definitiva e, sim, em desenvolvimento contínuo, como a nossa própria evolução, esperamos que estas informações possam ser úteis como suporte mentalsomático, vindo a elucidar dúvidas, fomentar pesquisas e colaborar para a difusão da técnica tenepes.

AGRADECIMENTOS

Agradecemos ao professor Waldo Vieira, propositor do paradigma consciencial e da técnica da tenepes, pelo exemplarismo cosmoético e pela abertura de caminhos libertários às consciências.

Agradecemos a todos os pesquisadores que participaram do Grupo de Pesquisas Conscienciológicas, com ênfase na tenepes (GPC tenepes) de Porto Alegre, desde a sua fundação, em 1998 e que direta ou indiretamente colaboraram com as suas autopesquisas para formar o conteúdo deste livro. Se fôssemos enumerar todos, poderíamos correr o risco de esquecer alguém, mas suas energias certamente estão neste livro.

Agradecemos a Amaro e Valquíria Krob, pela atuação na fundação do GPC Tenepes Porto Alegre e manutenção desse nos seus anos iniciais, bem como a todas as conscins coordenadoras do GPC Tenepes.

Nosso reconhecimento ao Instituto Internacional de Projeciologia e Conscienciologia (IIPC) pela oportunidade de pesquisa, estrutura, apoio, sustentabilidade e entusiasmo, com as quais sempre apoiou as pesquisas tenepessológicas ao longo dos anos.

Nosso muito obrigado a nossos familiares pelo apoio e compreensão das nossas ausências em inúmeras reuniões dedicadas às nossas pesquisas.

Nossa gratidão a Miriam Kunz e Tony Musskopf e à equipe de revisores da Editares pelas heterocríticas construtivas fornecidas na revisão desta obra.

Agradecemos a Sandra Tornieri, Lilian Zolet e Guilherme Kunz pelo apoio, acolhimento e auxílio para a conclusão deste livro.

Agradecemos ao professor Hernande Leite pelo apoio ao livro desde quando este ainda parecia um projeto distante.

A todos, conscins e consciexes que de alguma forma colaboraram para esta obra, o nosso sincero muito obrigado.

PRINCÍPIO DA DESCRENÇA

Descrenciologia. Não acredite em nada, nem mesmo no que lhe informarmos neste livro. O ideal é que você, leitor, tenha as suas próprias experiências sobre o tema tenepes.

Análise. Este livro apresenta as reflexões sobre as teáticas do Grupo de Pesquisas da Tenepes de Porto Alegre; muitos outros tenepessistas-pesquisadores também têm suas vivências e o inteligente é você, leitor ou leitora, analisar de forma crítica estes achados e tirar as suas próprias conclusões sobre os temas.

LISTA DE COLABORADORES

(GPC TENEPES PORTO ALEGRE)

C. A. C. – Clito Adão Chemello (1942-). Farmacêutico Bioquímico; brasileiro, natural de Caxias do Sul, RS. Tenepessista desde 2009. Voluntário do IIPC desde 2012. Participante do GPC tenepes desde 2011.

C. H. – Cristiane Hammes (1975-). Psicóloga pela UNISINUS, atua na área de terapia corporal; brasileira, natural de Campo Erê, SC; voluntária da Conscienciologia desde 2006; da OIC desde 2011; tenepessista desde 2006; participante do GPC tenepes desde 2007.

D. P. P. – Derly Perez Porto (1964-). Assessor Administrativo, graduado em Ciências Contábeis, pós-graduado em Controladoria pela UFRGS, estudante de Psicologia; brasileiro, natural de São Paulo, SP; voluntário do IIPC desde 1998, docente em Conscienciologia desde 2010, tenepessista e participante do GPC Tenepes desde 2007.

F. N. A. – Flávio Amado (1961-). Engenheiro Agrônomo, Especialista em Georreferenciamento; brasileiro, natural de Cachoeira do Sul, RS; voluntário da Conscienciologia desde 1999; docente em Conscienciologia desde 2002; tenepessista desde 1997; atualmente voluntário da IC Tenepes; participou do GPC Tenepes de março de 1998 a julho de 2014. Verbetógrafo.

F. W. D. – Felipe Willelms Damásio (1981-). Empresário; brasileiro, natural de Taquara, RS; voluntário da Conscienciologia desde 2004; docente em Conscienciologia desde 2005; tenepessista desde 2009.

J. M. – Jovilde Montagna (1948-). Médica Pediatra; graduada pela Universidade Federal de Pelotas/RS, brasileira, natural de Guaporé, RS; Voluntária da Conscienciologia desde 2012; tenepessista desde 2004. Participou do GPC Tenepes de 2008 a 2012. Atualmente, reside em Foz do Iguaçu, PR. Voluntária da ASSIPI.

I. D. F. – Igia Conceição De Franceschi (1942-). Funcionária Pública Federal aposentada, 2º grau Técnico em Contabilidade; brasileira, natural de Cachoeira do Sul, RS, voluntária da Conscienciologia desde 1999, voluntária da ARACÊ desde 2011. Tenepessista desde agosto de 2002, participa do GPC Tenepes desde 2004.

I. R. S. – Ione Rosa da Silva (1946-). Manicure, ensino médio; brasileira, natural de Jaguarão, RS. Tenepessista desde 27 de dezembro de 2002. Participa do GPC Tenepes desde 2003. Voluntária do IIPC desde de 2003. Verbetógrafa,

M. M. X. T. – Maria Madalena Xavier Torres (1950-). Professora Aposentada de 1 º e 2 º graus do estado do Rio Grande do Sul. Graduada na Faculdade de Ciências Sociais da PUC – RS. Brasileira, natural de Bom Jesus, RS –Voluntária da Conscienciologia desde 1995. Iniciou a tenepes em 1998. Participou do GPC Tenepes de 1999 a 2012.

M. M. A. – Marli Michelsen de Andrade (1943-). Mestre em Análise Territorial, graduada em Geografia pela Universidade Federal do Rio Grande do Sul; brasileira, natural de Guaíba, RS. Voluntária da Conscienciologia desde 2008, tenepessista desde 15 de março de 2008. Participa do GPC Tenepes desde 2008. Docente em Conscienciologia desde 2012.

M. M. – Márcia Maduré (1969-). Perita Contadora, atua na área trabalhista, graduada em Ciências Contábeis; brasileira, natural de Porto Alegre, RS; voluntária da ARACÊ desde 2005; docente em Conscienciologia desde 2010; tenepessista desde julho de 2012, participa do GPC Tenepes desde 2008.

M. H. R. C. – Maria Helena Reichelt Chemello (1945-). Enfermeira, graduada em Enfermagem, pós-graduação em Enfermagem de Saúde Pública e Licenciatura; brasileira, natural de Porto Alegre; voluntária da Conscienciologia desde 2012; tenepessista desde março de 2008, **participa** do GPC Tenepes desde 2007.

M. R. C. – Mariana Reichelt Chemello (1977-). Psicóloga, graduada em Psicologia, pós-graduada em Psicologia Clínica com ênfase em Infância e Família; brasileira, natural de Porto Alegre, RS; voluntária do IIPC Porto Alegre desde 2011; participa do GPC Tenepes desde 2008. Tenepessista desde 2014.

S. S. – Sidnei dos Santos (1964-). Luthier, brasileiro, natural de Porto Alegre, RS; tenepessista desde 2012; voluntário do IIPC Porto Alegre desde 2012; participa do GPC tenepes desde 2011. Docente em Conscienciologia desde 2014.

SUMÁRIO

PREFÁCIO

A tenepes é um dos grandes desafios da conscin intermissivista no contexto da interassistencialidade avançada. Requer do praticante auto-organização, abnegação, persistência, certeza da multidimensionalidade, autopesquisa e recins contínuas, necessárias ao enfrentamento diuturno de todos os tipos de contrafluxos inerentes à complexidade e magnitude do impacto promovido pela técnica assistencial.

A atmosfera holopensênica bélica, ideológica, separatista e com maior índice de suicídio do país, não é suficiente para desequilibrar um fluxo energético homeostático, quando o epicentro assistencial é composto por um grupo coeso e cônscio de suas responsabilidades intermissivas cujo objetivo magno é servir de minipeças reurbanizadoras.

Viver harmonicamente em grupo, produzir em equipe, exercendo a teática do binômio admiração-discordância, é sinal indicativo de maturidade consciencial e autodesassédio suficientes para a iminente conquista da desperticidade.

O grupo de 14 autores que compõe esta gestação consciencial grupal, reunidos semanalmente por mais de uma década, sustenta a autoridade moral esclarecedora exemplarista de aglutinação interconsciencial pacifista, cosmoética e profícua, edificando assistencialmente a presente gescon.

O leitor está diante de uma obra fundamentada na autoexperimentação dos autores sobre o tema tenepes, os quais elegeram a pesquisa de campo para embasar suas fundamentações conclusivas, evitando o teoricismo e o filosofismo retórico na abordagem de um tema de importância ímpar para a evolução consciencial.

A presente obra expõe, em linguagem clara e objetiva, as nuances das diversas etapas que envolvem a tenepes, possibilitando ao candidato as condições necessárias para a decisão lúcida quanto ao início da tarefa assistencial e sua continuidade ininterrupta, fundamentais à conquista do completismo existencial.

Agradeço aos autores a confiança e o convite para prefaciar uma obra de tal magnitude assistencial e desejo aos leitores e leitoras uma imersão crítica no texto, haurindo os maiores proveitos evolutivos.

Hernande Leite
Foz do Iguaçu, 14 de novembro de 2012.

INTRODUÇÃO

Definição. A *Tenepes (tarefa energética pessoal)* é a transmissão de energia consciencial (EC), assistencial, individual, programada com horário diário, da consciência humana, auxiliada por amparador ou amparadores, no estado da vigília física ordinária; diretamente para consciexes carentes ou enfermas, intangíveis e invisíveis à visão humana comum, ou conscins projetadas, ou não, próximas ou a distância, também carentes ou enfermas (VIEIRA, 1995, p. 11).

Objetivos. Esta obra objetiva fornecer subsídios aos pesquisadores interessados nas pesquisas tenepessológicas na condição de mais um tijolo na construção do conhecimento sobre esse importante tema. Objetiva, também, fornecer informações úteis aos tenepessistas, visando à qualificação na aplicação da técnica da tenepes.

Público. O público que pretendemos alcançar com esta obra vai desde o leitor interessado na técnica da tenepes até o tenepessista veterano, porém a estes últimos gostaríamos de informar que nossas observações pesquisísticas ainda são limitadas nos temas mais avançados, os quais, teremos melhores condições de abordar no futuro em obra sobre a tenepes avançada.

Metodologia. *Teáticas da Tenepes* é uma gestação consciencial escrita por muitas mãos, resultado dos consensos obtidos nos debates do Grupo de Pesquisas Conscienciológicas da Tenepessologia de Porto Alegre em 17 anos de atividade. Eis 1 megapensene trivocabular relativo ao tema: *GPC-Tenepes: grupalidade interassistencial.*

Estrutura. Este é um livro resultante da síntese de debates, não é uma antologia e sim um resumo das conclusões grupais na aplicação da técnica da tenepes. Os capítulos foram escritos pelos autores conjuntamente e estão distribuídos, abrangendo o desenvolvimento do tenepessista ao longo da vivência na execução da tenepes. Ao final de cada capítulo, há um relato individual em primeira pessoa a fim de ilustrar/exemplificar os conceitos apresentados. Aos leitores iniciantes em Conscienciologia há um glossário explicando os neologismos no final do livro.

Histórico. A técnica da tenepes foi sistematizada e apresentada ao público em geral pelo professor Waldo Vieira em 1995, com o lançamento do livro *Manual da Tenepes*, livro de referência sobre o tema. O GPC Tenepes, com sede no IIPC Porto Alegre, iniciou as atividades em 17 de maio de 1998, sustentando as pesquisas sobre a tenepes ininterruptamente até os dias de hoje.

Grupalidade. O GPC Tenepes, aberto à participação de voluntários da Conscienciologia, reúne pesquisadores de diferentes Instituições Conscienciocêntricas (ICs), visando à evolução e à qualificação na teática da técnica.

Periodicidade. As reuniões são realizadas quinzenalmente com duas horas de duração.

Gescon. Objetivando pesquisar e difundir a técnica da tenepes, por meio do debate e da ampliação do entendimento das vivências, o grupo prioriza a escrita de artigos e textos sobre tenepes. Também estimula os seus integrantes na produção de verbetes sobre esse tema.

Inovações. Buscando ampliar a assistência prestada, o GPC Tenepes foi pioneiro em iniciativas ao modo do *pedido de tenepes online* em funcionamento desde fevereiro de 2005.

Dinâmica. Devido ao aumento do número de interessados, viu-se a necessidade de antecipar as reuniões em 30 minutos, esclarecendo dúvidas sobre a técnica, tanto a tenepessistas quanto a candidatos à prática. O período das 19h00min às 19h30min é dedicado para perguntas e respostas sobre tenepes. As duas horas seguintes são aplicadas integralmente à pesquisa sobre o tema escolhido.

Proficuidade. Os debates das hipóteses geradas dentro do GPC foram levados a público por meio de artigos apresentados em seminários, fóruns e encontros.

Constructos. Embasados nos debates sobre os registros das experiências, elaborou-se constructos técnicos, trazendo à tona dados e temas diversos dentro do universo das abordagens da realização da técnica.

Vivências. Os pesquisadores propuseram, a partir de 2008, artigos que foram debatidos, modificados e reelaborados exaustivamente pelo grupo, buscando correção técnica, cosmovisão temática e sinteticidade, dando origem aos capítulos presentes neste livro.

Oportunidade. A tenepes é oportunidade evolutiva magna na vida das consciências interessadas na interassistencialidade. A simultaneidade e a sincronicidade dos eventos que ocorrem entre as dimensões intra e extrafísicas permitem ao praticante a proatividade, o aprendizado e a interação lúcida.

Progressão. As reciclagens decorrentes das vivências da tenepes e o estudo dos registros contêm importantes subsídios para a qualificação assistencial, desenvolvendo capacidade crescente de epicentrismo, visando à ofiexialidade e à desperticidade.

METODOLOGIA DE PESQUISA DO GPC TENEPES DE PORTO ALEGRE

(EXPERIMENTOLOGIA)

Definição. A *Metodologia de Pesquisa do GPC Tenepes de Porto Alegre* é o conjunto de procedimentos e estudos científicos das vivências, implementados pelos pesquisadores e pesquisadoras da tarefa energética pessoal, visando à elaboração da gescon grupal.

Sinonímia: 1. Procedimento pesquisístico grupal para a tenepes. 2. Critérios de pesquisa do GPC Tenepes. 3. Disciplinamento lógico do GPC tenepes. 4. Maneiras de pesquisar a tenepes em grupo. 5. Ordenamento das reflexões grupais sobre tenepes. 6. Sistematização dos estudos tenepessísticos grupais. 7. Análise e organização dos achados sobre tenepes. 8. Confrontação de ideias sobre tenepes.

Antonímia: 1. Desregramento das pesquisas tenepessológicas. 2. Ausência de padrão lógico pesquisístico. 3. Ausência paradigmática. 4. Ficção sobre tenepes. 5. Desarticulação de ideias grupais sobre tenepes. 6. Conhecimento popular sobre tenepes. 7. Dogmatismo grupal sobre tenepes. 8. Entropia mentalsomática de ideias sobre tenepes.

Histórico. As trocas de informações durante as reuniões do GPC Tenepes entre os participantes eram muito ricas e repletas de detalhes, porém aproveitadas somente pelo grupo, sem aprofundamento por falta de uma análise científica dos fenômenos e sem registro técnico sobre as conclusões obtidas.

Qualificação. Em duas oportunidades, em 2006 e 2008 no curso Extensão em Conscienciologia e Projeciologia 2 – ECP2, foi questionado aos amparadores, por meio do Epicon, de que modo o GPC Tenepes poderia melhorar as pesquisas. Em 2006, a informação recebida foi: "*colocar o mentalsoma na análise das vivências, esmiuçando seu conteúdo e debatendo-as com outros tenepessistas mais experientes*". Em 2008, nos foi colocado que enfatizássemos "*a fraternidade ao redigirmos nossas pesquisas e relatos*".

Gargalo. Nas auto e heterocríticas realizadas pelo GPC, identificamos que o gargalo ou o megatrafar grupal era a pouca produtividade em termos de gestação consciencial.

Sistematização. Objetivamos focar no registro das vivências individuais da prática da tenepes, através de observações, anotações e análise de maneira sistemática. Tal processo possibilitou debates, formulação de hipóteses e geração de artigos científicos em conjunto e teve como resultado os materiais originais obtidos por meio de autoexperimentações, focando a gestação consciencial grupal.

Etapas. A seguir, enumerados em ordem alfanumérica, 7 passos visando a organização para a produção da gescon sobre tenepes em grupo:

1. **Abertismo.** Aprender a aceitar heterocríticas.
2. **Cientificidade.** Refinar o entendimento e aplicação do processo científico.
3. **Grupalidade.** Vivenciar a interassistencialidade grupal.
4. **Lucidez.** Melhorar a lucidez sobre as ocorrências da tenepes.
5. **Parapsiquismo.** Desenvolver a autoconscientização multidimensional (AM) e o parapsiquismo.
6. **Registros.** Vencer a dificuldade inicial para escrever os diários da tenepes.
7. **Superação.** Vencer o medo da autoexposição.

Fatologia. Qualificamos as pesquisas dando maior importância ao registro dos fatos, fossem intrafísicos ou extrafísicos, atentos à fatologia e à parafatologia.

Decisão. Conjuntamente tomamos a decisão de escrever 1 livro sobre tenepes, de cunho grupal, ou seja, de múltipla autoria. Definiu-se a formação de grupos iniciais de pesquisa voltados para 4 assuntos básicos e a partir destes megatemas posteriormente outros assuntos foram investigados:

1. Tenepes iniciante, a pré-tenepes e os primeiros seis meses.
2. Projeções na tenepes.

3. Lucidez na tenepes.
4. Interassistência na tenepes.

Originalidade. Em dezembro de 2008, vários integrantes do GPC se dirigiram a Foz do Iguaçu para participar do Fórum da Tenepes e do Curso Avançado sobre Tenepes, esse ministrado pelo Prof. Waldo Vieira. Um dos integrantes comunicou ao Prof. Waldo a nossa intenção de escrever o livro e recebemos a orientação de sermos originais nas nossas pesquisas, o que deixou mais clara a importância de escrevermos sobre as nossas vivências, sendo essas a base do nosso texto.

Metodologia. A seguir descrevemos 12 métodos e processos implementados no GPC Tenepes Porto Alegre, visando à escrita do livro:

01. **Cadernos.** Ao assistirmos o filme "Escritores da liberdade" (*Freedom Writers*, EUA, 2007), surgiu a proposta da "Técnica de Registro em Cadernos", criando, dessa forma, um diário para a tenepes, objetivando descrever as autovivências na aplicação da técnica.

02. **Compartilhamento.** A cada reunião, os cadernos contendo os relatos de autores, integrantes do GPC, eram revezados, permitindo acesso a diferentes vivências registradas, que posteriormente eram catalogadas. O compromisso inicial proposto era escrever as fatuísticas, não importando o quão insignificante as mesmas pudessem parecer.

03. **Registro.** As experiências foram registradas na íntegra. Com esse procedimento, incentivava-se a transcrição destas para o papel, sem criar melindres quanto à gramática e linguística, possibilitando, por meio do registro, serem posteriormente relidas, comentadas e analisadas. Cada participante, ao levar um caderno para casa com o propósito de realizar seu registro pessoal, tinha a possibilidade de inteirar-se dos experimentos de outros tenepessistas que haviam escrito anteriormente nesse mesmo caderno, agora de propriedade conjunta, contendo os relatos de todos e representando uma amostra da contribuição de cada um. Nos registros não eram incluídos nomes dos

envolvidos, apenas a vivência em si, visando o sigilo das informações pessoais.

04. **Debate.** Esse procedimento consistiu na leitura aleatória de 1 relato oriundo do caderno para o grupo, proporcionando debater sobre o tema, analisá-lo e compará-lo com a experiência dos demais, observando as minúcias e o detalhismo existentes no relato. Durante a leitura dos registros, percebia-se a formação de campo assistencial de base mentalsomática.

05. **Balanço.** Após iniciarmos os registros de maneira sistemática, decidimos que seriam feitos balanços periódicos para inventário das vivências relatadas. Para maior eficiência desse, criamos as fichas para análise do registro das vivências.

06. **Fichamento.** Após certo número de leituras em conjunto, verificou-se a existência de pontos de pesquisa comuns, em vários relatos, a serem trabalhados. A partir disso, surgiu a ideia de fazermos uma ficha com os principais pontos a serem analisados, de modo a extrair o máximo de conteúdo informacional e facilitar a posterior classificação.

Dados. Observamos as condições psicológicas, mentaissomáticas, físicas e extrafísicas anteriores, durante e após a tenepes, com análise da Pensenologia, Fatologia, Parafatologia, materpensene e a ideia original.

Modelo. Nos anexos, há 1 modelo da ficha inicialmente utilizada, objetivando esquadrinhar as experiências individuais.

Similitude. A elaboração das fichas foi um processo de construção, passo a passo, organizado pelos participantes do grupo, objetivando, ao mesmo tempo, despersonalizar o relato e extrair a essência da vivência. Em maio de 2009, conhecemos a Técnica do Autovivenciograma da ARACÊ (Stédile, Elaine; & Facury, Marco Antônio Rocha, 2010) e constatamos que os métodos de fichamento eram muito semelhantes. No GPC Tenepes, a ficha de análise do relato permanece anexada com o texto que deu origem à narrativa da experiência de maneira extensiva.

07. **Diagnóstico.** Com o objetivo de identificar os traf*o*res, traf*a*res e traf*a*is no início do desenvolvimento do grupo GPC Tenepes, cada participante listou 4 características pessoais, as quais foram catalogadas como indicadores médios dos atributos conscienciais iniciais do grupo, para serem trabalhados individual e coletivamente, indicando as recins necessárias. Abaixo segue a tabela com os indicadores:

Traf*o*res	**Traf*a*res**	**Traf*a*is**
1° - Responsabilidade	1° - Desorganização	1° - Parapsiquismo
2° - Pontualidade	2° - Autoestima baixa	2° - Disciplina
3° - Persistência	3° - Ansiedade	3° - Auto-organização
4° - Coragem	4° - Dispersividade	4° - Intelectualidade

08. **Correlação.** As ideias trazidas do período da tenepes foram relacionadas com várias outras. Enviamos por e-mail sugestões de interrelação dos temas com a tenepes, incentivando os participantes a desenvolverem a conexão entre elas. Essa conexão é oriunda de fatos e parafatos e expõe as entrelinhas da atuação multidimensional implícita na vivência ao modo dos seguintes exemplos:

Tenepes + projeção = Autodesenvolvimento parapsíquico, superação de traf*a*res, resgate de cons (unidades de lucidez).

Tenepes + Clarividência = Desassombro multidimensional.

Tenepes + Fraternismo = Igualdade consciencial lúcida.

09. **Taxologia.** Ao extrair o materpensene das vivências, buscamos agrupá-las de acordo com os possíveis capítulos, relatando vivências com relação a 22 temas listados em ordem alfanumérica:

01. Adormecer na tenepes.
02. Amparador da tenepes.

03. Base física da tenepes.
04. Chacras e a tenepes.
05. Condicionamento energossomático e a tenepes.
06. Devaneio na tenepes.
07. Ectoplasmia na tenepes.
08. Formação do campo assistencial.
09. Início da tenepes.
10. Isca assistencial lúcida.
11. Lucidez na tenepes.
12. Pedidos de tenepes.
13. Perguntas e respostas sobre tenepes.
14. Preparação para a tenepes - pré tenepes.
15. Primeiros seis meses da tenepes.
16. Projeções conscientes durante a tenepes.
17. Pseudotenepes.
18. Recin e tenepes.
19. Retomador de Tarefa.
20. Sinalética energética pessoal na tenepes.
21. Tenepes e profissão.
22. Tenepes em viagens.

10. **Contribuição.** A partir do momento em que decidimos que era chegada a hora de gerarmos o livro, entendemos ser necessário criar um fundo para as despesas relacionadas à edição do mesmo. Instituímos então a doação financeira espontânea para esse fim, não sendo pré-requisito para a participação no GPC. Também foi aberta uma conta poupança na qual foram depositados os valores mensalmente, sendo que ao final de 2 anos juntamos o valor necessário para a impressão de 1000 exemplares.

11. **Preservação.** Desde o início do GPC Tenepes, foram apresentados trabalhos pelo grupo ou por seus integrantes individualmente, os quais tiveram os registros preservados ao longo dos anos.

12. **Revisão.** Os capítulos foram propostos e escritos por uma ou duas pessoas e apresentados na reunião do GPC por meio de projetor multimídia. Foi feita a leitura grupal e submetida à heterocríticas,

exclusões e inclusões no texto, que ao final, passa a ter a contribuição de todos.

Conteúdo. O resultado imediato foi que se ampliou significativamente a quantidade de registros pessoais. Houve um processo de acúmulo de conteúdo escrito e aumento da troca de informações entre os participantes. Nesse contexto, foi importante a descoberta da capacidade de escrever de cada um, atestada pelo compromisso assumido com a técnica dos cadernos.

Interação. Houve intensificação da interação com a equipe extrafísica ligada ao processo da tenepes, inclusive com projeções rememoradas pelos integrantes do GPC.

Método. A metodologia de pesquisa adotada pelo GPC tenepes Porto Alegre é fundamentada na observação, análise e formulações de hipóteses por parte dos pesquisadores da tenepes, sejam eles interessados, iniciantes ou veteranos na aplicação da técnica, no que diz respeito às vivências dos fenômenos que envolvem a prática diária da tenepes. Portanto o método de pesquisa do livro GPC Tenepes baseia-se no tipo de pesquisa qualitativa, com descrição de autovivência, coleta e análise dos dados, sistematização por meio do fichamento e posterior conclusão. Tal método encontra-se em processo permanente de construção e análise pelo grupo, podendo ser ampliado e qualificado.

Resultados. As pesquisas e a gestação consciencial sobre tenepes em um grupo de consciências, por sua complexidade, exigem a adoção de metodologias capazes de obter um maior aproveitamento das diferentes potencialidades, a ampliação da participação individual e maior rendimento grupal. Essas metodologias, apoiadas em cursos de qualificação, são apresentadas no grupo que, conjuntamente, experimenta e decide aquelas de maior eficácia. Nossos experimentos indicam que, no caso de grupos de pesquisa da tenepes, o processo de construção da metodologia de pesquisa mais adequada é experimental e grupal com participação das consciências intra e extrafísicas interessadas.

A PESQUISA DA TENEPES REQUER *EXPERIMENTAÇÃO, REGISTRO E ANÁLISE,* ***DESENVOLVENDO*** *METODOLOGIA* ***CAPAZ DE PROMOVER O*** *APERFEIÇOAMENTO* ***CONTÍNUO DO TENEPESSISTA E DA INTERASSISTENCIALIDADE.***

Questionologia. Você, leitor ou leitora, já tem por hábito pesquisar a sua tenepes? Já participou de algum grupo de pesquisas da tenepes?

ORGANIZAÇÃO PARA A TENEPES
(AUTOPESQUISOLOGIA)

Definição. A *organização para a tenepes* é o planejamento, preparação, estudo, capacitação holossomática e trabalho energético realizado com intenção fraterna, pela conscin tenepessável, objetivando a realização qualificada junto ao amparador extrafísico da tarefa assistencial para toda a vida intrafísica.

Sinonímia: 1. Treinamento e paratreinamento para a tenepes. 2. Habilitação para a tenepes. 3. Recins pré-tenepes. 4. Recéxis pré-tenepes. 5. Preparação para a tenepes. 6. Estudo pré-tenepes. 7. Priorização da tares interassistencial. 8. Capacitação assistencial pré-tenepes.

Antonímia: 1. Organização para a tacon. 2. Fragilidade energética do pré-tenepessista. 3. Preparação *ad eternum* para a tenepes. 4. Tenepes sem organização prévia. 5. Desconhecimento da tenepes. 6. Pusilanimidade assistencial. 7. Início impulsivo da tenepes. 8. Posicionamento eletronótico antitenepes.

Qualificação. A preparação para a tenepes requer estudo e autopesquisa, visando à qualificação para a futura aplicação da prática. Assim, quanto mais o candidato estiver familiarizado com os procedimentos e condutas da tarefa, melhor estará capacitado para o seu início.

Leitura. O *Manual da Tenepes* é leitura necessária e obrigatória, enquanto pré-requisito para todo candidato à tenepes, especialmente das questões relacionadas ao "por que fazer tenepes" e as condições necessárias para a prática. Recomenda-se a leitura dos verbetes sobre tenepes da Enciclopédia da Conscienciologia e do Dicionário de Argumentos da Conscienciologia (DAC).

Posturas. A preparação está relacionada à assistência, ao fraternismo, e à intencionalidade cosmoética que o pré-tenepessista adota ao modo de posturas. A intenção clara, determinada e assistencial será relevante no início da prática. *Pensar sobre a tenepes é um enriquecimento.*[1]

Profilaxia. A tenepes é uma tarefa para toda a vida humana. Portanto requer disciplina, atenção e persistência, especialmente no início da prática a fim de evitar acidentes de percurso.

Planejamento. O planejamento para o início da tenepes requer atenção com relação às variáveis tempo, local e preparação holossomática.

Organização. Acerta mais quem se organiza melhor e prioriza o efetivo aproveitamento dos recursos disponíveis.

Horário. A escolha do horário da prática deve levar em conta a vida pessoal e profissional do pré-tenepessista.

Base. A prévia preparação e organização da base física ajudam a promover um ambiente propício para a futura instalação do campo assistencial. Nesse item entram, entre outros, os cuidados na preservação da privacidade no ambiente, a eliminação dos bagulhos energéticos e melhoria do holopensene.

Fase. Segundo Aoki (2007, p. 127), "*o ideal é estar em uma fase da vida em que se desfrute de maior tranquilidade íntima, com organização dos aspectos afetivo-sexual, financeiro e da convivialidade sadia*".

Reciclagens. A preparação para a tenepes envolve reciclagens tanto na intraconsciencialidade quanto na vida intrafísica do tenepessista. Dependência química, postura belicista ou religiosa são impeditivos para o início da prática da tenepes (VIEIRA, 2012, p. 3431 a 3434).

Otimizadores. Eis, a seguir, listados em ordem alfanumérica, 10 otimizadores que podem ser empregados no período inicial da tenepes:

01. **Autopesquisa.** Frequentar cursos que disponibilizem técnicas práticas de autopesquisa, tais como *Extensão em Conscienciologia e Projeciologia 1 (ECP1), Consciencioograma na Prática, Conscin-Cobaia,* facilitam o autoconhecimento e auxiliam na definição de estratégias, mudanças programadas e reciclagens.

---

1 Waldo Vieira, anotações pessoais do Curso Avançado de Tenepes. Foz do Iguaçu. 28-12-2008.

02. **Cientificidade.** Participar em fóruns, congressos da tenepes, esclarecendo dúvidas quanto à prática.

03. **Consciencioterapia.** Conciliar *diagnósticos de limitações e potencialidades* com o uso dos trafores em prol da interassistencialidade.

04. **CPC.** Elaborar o código pessoal de Cosmoética (CPC) auxilia o pré-tenepessista a averiguar o grau de coerência no dia a dia com relação aos seus objetivos assistenciais. Existe estreita relação entre a qualidade dos pensenes e posturas assistenciais e as energias do pré-tenepessista. A vivência cosmoética é fundamental para a conscin que busca a maturidade interassistencial.

05. **Dinâmicas.** Frequentar cursos de campo interassistenciais tais como *Extensão em Conscienciologia e Projeciologia 2 (ECP2), Acoplamentarium e Dinâmicas Parapsíquicas* permitem o aprofundamento das reflexões e a *experiência de assistências* mais profundas, o desenvolvimento e exercício do parapsiquismo na preparação para a tenepes.

06. **Energossoma.** Promover o desenvolvimento bioenergético disciplinado é fundamental na preparação do candidato à tenepes. Inexiste tenepes sem flexibilidade energossomática. As técnicas do estado vibracional e assim-desassim destacam-se nessa fase.

07. **Grupalidade.** Participar de Grupo de Pesquisas Conscienciológicas (GPC) sobre tenepes é experiência rica, motivadora e auxiliar no processo decisório para o início da prática. Conversar com tenepessistas veteranos e frequentar ICs onde haja tenepessistas.

08. **Laboratoriologia.** Fazer experimentos nos laboratórios de autopesquisa ao modo dos laboratórios da tenepes, do estado vibracional, da auto-organização, da Imobilidade Física Vígil (IFV) e da desperticidade.

09. **Psicossoma.** Obter o discernimento e a lucidez a respeito das próprias emoções, sem recalques, pelo uso sadio e avançado dos atributos do mentalsoma. O ideal é o candidato a tenepessista dominar as emoções e não ser dominado por elas.

10. **Soma.** Buscar a qualificação holossomática, começando com a atenção à saúde do soma. O *desenvolvimento parapsíquico interassistencial* não ocorre com o menosprezo do corpo físico.

Amparo. A parceria com o amparador é obtida por meio de esforço, persistência, postura assistencial e cosmoética do pré-tenepessista. Nessa equipe recém-formada, o tenepessista vai ser minipeça interassistencial sob supervisão do amparador (VIEIRA, 2012, p. 1104 a 1106).

Compreensão. O movimento assistencial começa no acolhimento das consciências. O pré-tenepessista deve buscar compreender e respeitar o nível evolutivo de cada consciência. O ideal é desenvolver um *olhar de fraternidade* (VIEIRA, 2012, p. 7658 a 7661).

Tridotação. O desenvolvimento da tridotação consciencial: intelectualidade, comunicabilidade e parapsiquismo amplia o fôlego assistencial do futuro tenepessista.

Complementaridade. A docência conscienciológica e a tenepes são tarefas sinérgicas no desenvolvimento da tares. O ideal é não iniciarmos a tenepes e a docência conjuntamente. Sugere-se um intervalo de tempo de seis meses entre o início das práticas. Entre os integrantes do GPC, temos pessoas que iniciaram primeiro a tenepes e depois do assentamento dessa iniciaram a docência conscienciológica e outros que fizeram o inverso, primeiro a docência e depois a tenepes.

Fatuística 1 (I.R.S.) (2000). *Quarto da tenepes. Ao conversar com professora de Conscienciologia sobre tenepes, a mesma me falou da necessidade de ter um ambiente sem perturbações para a prática. Nesse instante, vi, por clarividência, o pequeno local já pronto. Em seguida, iniciei a construção do mesmo, fazendo um anexo a minha casa com 2 metros de comprimento por 1 metro de largura. No dia da inauguração, tive projeção com o amparador que assumiria as tarefas assistenciais junto comigo, chancelando o acerto da decisão.*

Fatuística 2 (M.R.C.) (2014). *Preparei o ambiente para a tenepes desde que me mudei para o apartamento há dois anos. O quarto escolhido foi pensado com esse objetivo e também como local de estudos. Quando o planejei, optei pela cor azul clara. Vejo que foi uma boa escolha. Percebo* *que é um local em que me sinto bem no apartamento e já foi visto por uma colega de GPC, durante uma projeção, como um bom local no extrafísico. Assim, percebo que a escolha do ambiente, o planejamento e toda a intenção de criar um espaço projetado para assistência são importantes para quem deseja ser tenepessista. Outro ponto importante que observo é que pessoas que frequentam minha casa, parentes, amigos e eventualmente, alguém que venha realizar algum serviço costuma comentar que gosta e se sente bem no apartamento. Isso também confirma o investimento energético que faço no apartamento desde que me mudei, pois venho trabalhando as energias no ambiente. Antes de iniciar meu trabalho como tenepessista, busco a energização do ambiente, cômodos, mentalização do apartamento e também do meu prédio.*

A PREPARAÇÃO PARA A TENEPES É SUSTENTADA POR TRÊS PILARES: *CORAGEM EVOLUTIVA, AUTOMOTIVAÇÃO INTERASSISTENCIAL E O PARAPSIQUISMO LÚCIDO E CRESCENTE* ***DA MINIPEÇA NO MAXIMECANISMO INTERASSISTENCIAL.***

Questionologia. Você, leitor ou leitora, já fez uma listagem dos motivos que o levam à prática da tenepes? Você identifica a tenepes como prioridade nesse atual momento evolutivo?

FASE INICIAL DA TENEPES
(AUTOPESQUISOLOGIA)

Definição. A *fase inicial da tenepes* é o período de implantação do holopensene interassistencial no dia a dia do tenepessista, a partir do qual se instala a prática da tenepes.

Sinonímia: 1. Primeiros 6 meses da tenepes. 2. Primeiros contatos com o amparador da tenepes. 3. Fase de contrafluxos iniciais da tenepes. 4. Fase de sincronização com o amparo de função da tenepes. 5. Período de assistência ao tenepessista e ao grupocarma. 6. Estágio de instalação da tenepes.

Antonímia: 1. Pré-tenepes. 2. Estágio de manutenção da tenepes. 3. Fase avançada da tenepes. 4. Tenepes veterana. 5. Tenepes 24 horas. 6. Ofiex.

Relevância. O registro e estudo da fase inicial da tenepes é relevante para a percepção das sinaléticas parapsíquicas, os fenômenos e parafenômenos, as interações interassistenciais e as crises evolutivas geralmente desencadeadas no início da tarefa assistencial.

Reciclagens. Pesquisar e estudar o início da prática da tenepes auxilia o tenepessista na aceleração de reciclagens intraconscienciais para atuar de maneira mais consciente com o amparador de função.

Época. O ideal é fazer estes registros e observações na época em que ocorreu a fase inicial, pois se feitos posteriormente os mesmos não são tão fidedignos. A análise e estudos dos mesmos podem serem feitas em qualquer momento da vivência tenepessística.

Equilíbrio. Para bancar o início da tenepes, deve-se traçar e realizar uma estratégia de reciclagens e organizações prévias, com ousadia pró-evolutiva. As dificuldades de autoestima podem fazer com que o candidato enfoque excessivamente na organização ou na reciclagem, deixando de aperfeiçoá-las de maneira conjunta e equilibrada.

Continuidade. Não se inicia a prática assistencial *para tentar dar certo*. Portanto, depois de assumido o compromisso inicial, o ideal é sustentar as mudanças não previstas e persistir com responsabilidade assistencial. A tenepes exige manutenção e continuidade nos esforços de qualificação.

Profundidade. A tenepes assiste conscins e consciexes de maneira profunda, auxiliando na retomada da lucidez. Coerentemente, o tenepessista, fora do horário da tenepes, deve investir na autopesquisa, ampliando a lucidez para superar as fissuras emocionais e limitações pessoais, tais como falta de equilíbrio, falta de homeostase somática e desorganização afetiva e financeira.

Pragmatismo. Um dos impactos no dia a dia do tenepessista iniciante é o comprometimento que deve ter com a evolução, eliminando postergações autocorruptas. O pragmatismo evolutivo, ou seja, atuar de modo consciente e premeditado, buscando soluções práticas para as dificuldades encontradas e o melhor evolutivamente para aquele momento, torna possível a maior sintonia com o amparador da tenepes.

Assepsia. Devido à convivência diária com o holopensene assistencial do amparador, inicia-se uma verdadeira assepsia de atos, pensenes e posturas do tenepessista, desencadeando crises de crescimento que o levarão a reciclagens.

Autoconscientização. Na fase inicial, o tenepessista começa a *levantar a poeira multidimensional* explicitando sua realidade extrafísica e possibilitando a intensificação dos desassédios.

Recomposição. É comum haver o surgimento de oportunidades sincrônicas de convivência com conscins do passado, geralmente com as quais ainda há alguma rusga ou pendência a ser resolvida.

Oportunidade. Entendendo estes encontros como oportunidades de reconciliação, o tenepessista se posiciona frente às conscins e consciexes do seu passado, esclarecendo-as sobre sua nova postura, reconhecendo as suas imaturidades pretéritas.

Reciclagem. Como repercussão disso, o amparador pode proporcionar o reencontro com guias amauróticos, com os quais o tenepessista atuou no passado. Esses encontros são necessários para explicitar o grau de profissionalismo da prática da tenepes, por meio do vínculo exclusivo com o amparador, oportunizando aos antigos companheiros a atualização de seus paradigmas.

Sugestão. A manutenção de registros diários da atividade da tenepes e suas ocorrências permite ao tenepessista fazer a avaliação periódica da evolução da técnica ao longo da prática.

Iscagens. É possível haver eventuais iscagens extrafísicas e interações com o amparador de função fora do horário da tenepes, permitindo ao praticante identificar que há oportunidades assistenciais até mesmo nas tarefas mais comuns do cotidiano.

Organização. O dia do tenepessista começa a ser organizado em função da tenepes. O primeiro dos atributos a ser sustentado é a pontualidade, sendo os seguintes a qualidade das energias, pensenes e do soma do praticante no horário da prática. Pouco adianta fazer a tenepes às 6 da manhã *em ponto* e ter ido dormir às 3 da manhã da noite anterior.

Patopensenes. A patopensenidade, o *pensar mal dos outros*, torna-se incompatível com a prática da tenepes (VIEIRA, 1995, p. 19). Além disso, impossibilita a assistência ao tenepessista e às consciências envolvidas direta ou indiretamente com o processo, devido à expressão de falta de acolhimento interassistencial.

Impacto. Devido às práticas energéticas assistenciais diárias, o energossoma do tenepessista fica com maior carga de energias soltas, flexíveis. Logo, o impacto de seus pensenes se torna mais forte, influenciando as consciências mais próximas.

Energias. Os exercícios bioenergéticos continuados com a instalação do estado vibracional familiarizam a conscin com as próprias energias e suas manifestações. A observação dessas manifestações no dia a dia permite ao tenepessista fazer associações com as possíveis causas dessas ocorrências, desenvolvendo a sinalética parapsíquica pessoal.

Doação. Os 50 minutos diários da tenepes são doados ao Cosmos. Nesse momento, os problemas pessoais, profissionais, afetivo-sexuais e intelectuais não devem *monopolizar* a pensenidade do praticante da técnica. *O período da tenepes não é câmara de reflexão.*

Tares. A tenepes e a docência conscienciológica são complementares, retroalimentando o processo da tares. O ideal é a vivência plena do polinômio *voluntário-pesquisador-docente-tenepessista-autor*.

Docência. Se você tem o hábito de ensinar o que aprende, é natural o investimento dos amparadores para que você aprenda e faça mudanças cada vez mais profundas. *A tenepes é parte essencial da proéxis ligada à tares.*

Cronologia. A fase de instalação do holopensene inicial é comumente associada aos primeiros 6 meses da prática, porém o tempo não é fixo. O fôlego nas reciclagens do tenepessista é que delimitará o tempo real da fase inicial.

Indicadores. Eis 5 indicadores, listados em ordem alfanumérica, sinalizadores da finalização da fase inicial da tenepes:

1. **Desassedialidade.** Percebe-se a diminuição do grau de assedialidade do tenepessista.
2. **Estabilidade.** Mantém-se a prática da tenepes no mesmo horário, dentro do período de 3 horas, junto com qualidade e quantidade energética, sem grandes oscilações.
3. **Interação.** Gera-se maior interação com o amparo de função por meio do esforço permanente para dominar as energias, propiciando o desenvolvimento parapsíquico.
4. **Iscagem.** Amplia-se a vivência de iscagens lúcidas assistenciais de consciexes no dia a dia para serem atendidas na tenepes, conseguindo conviver por tempo maior com a pensenidade tóxica, mantendo estabilidade pensênica.
5. **Reciclagens.** Aproveita-se os indicadores de reciclagens parapercebidos na tenepes para qualificação diária, sem postergação. A qualidade das energias do praticante é melhorada nas outras 23 horas do dia.

Fatuística 1 (I.D.F.) (2002). *No primeiro dia que iniciei a tenepes, adormeci e percebi a presença de um jovem, vestido de branco que chegou para mim e disse: vamos começar? Ao acordar, olhei para o relógio* *e o mesmo marcava 2 horas da madrugada, horário que eu havia estipulado para iniciar a tenepes.*

Fatuística 2 (S. S.). *Iniciei a tenepes em janeiro de 2012. O horário da prática era às 5 horas e 30 minutos, estava nos primeiros meses de tenepes e tinha dúvidas se a mesma estava ocorrendo. Após a prática, frequentemente dormia mais um pouco e tive várias projeções.*

Uma das rememorações mais significativas é de que projetado saí de casa e acessei meu local de trabalho. No primeiro momento, não percebi que a porta dos fundos estava aberta, depois já dentro do prédio reparei que a porta da frente também estava aberta e que havia várias consciências no local, um grupo no pátio da frente, outro na calçada e um terceiro olhando por cima do muro lateral. Então ouvi o comentário: - É lá atrás! Como se indicasse aos demais a localização. Percebi que atravessavam o prédio e dirigiam-se ao pátio. Na parte dos fundos do terreno, existe uma construção e nela a sala que serve como base intrafísica da tenepes.

Muitas hipóteses podem ser levantadas, mas como experimentador considero que as consciências estavam ali para serem assistidas e que a ocorrência sinalizou a efetividade de um novo posto de atendimento interassistencial multidimensional.

Fatuística 3 (M.R.C.) (2014). *Primeiro dia de tenepes. Inicio com uma mobilização básica das energias (MBE). Em seguida disponibilizo-me mentalmente para o início da prática e tenho a sensação dos palmochacras ativos e calor nas palmas das mãos. Inicialmente utilizo a posição sentada, posteriormente, após um bom período movimentando os braços e mãos para frente e para trás ao exteriorizar energias, busco a posição em decúbito dorsal.*

Sendo meu primeiro dia de tenepes, lembro do grupocarma e colegas de profissão que costumo conviver diariamente. Vem-me à mente também uma colega de trabalho que se encontra em estado grave em CTI hospitalar. Durante toda a tenepes, realizo o movimento com as mãos para exteriorizar energias. Percebo o umbilicochacra mais ativo em alguns momentos da prática. Ocorre a percepção do campo instalado e da presença do amparo. Na tela mental, visualizo claramente a chegada de um epicon que se apresenta de branco, acompanhado de outra consciex masculina, jovem, também vestida de branco. O nome da consciex é revelado e tenho a impressão de que ele possa ser o amparador. Fico com a hipótese de que o epicon veio à tenepes para me apresentar essa consciex que vai participar do processo de assistência, podendo ter grandes chances de ser o amparador.

Durante a tenepes, tive outras percepções. Minha impressão é de que tudo passou muito rápido, as sensações foram ocorrendo uma após a outra, sendo muito dinâmico para conseguir lembrar tudo e descrever. Como se fosse uma tela de cinema que se abre na minha frente e os fatos vão ocorrendo como cenas de um filme. Essa sensação já havia ocorrido outra vez, quando tive a oportunidade de participar de um Acoplamentarium. Percebi na psicosfera uma consciex assediadora, ao mentalizar um familiar da minha colega de trabalho internada. Essa consciex chegou a xingá-lo em um tom de muito desprezo. Observando esse fato, decidi exteriorizar mais energias para que fosse encaminhado. Continuei a exteriorizá-las, mentalizando o melhor para todos. A finalização da tenepes foi bem clara. Senti um arrepio forte, indicando o fim. Senti-me bem e satisfeita por ter recebido amparo.

Ficou claro para mim que eu estava preparada para iniciar a tenepes. Fiquei grata aos amparadores e meus colegas de GPC por todo conhecimento e estudo que me levaram a iniciar minha prática. Concluo ser o agradecimento e a disponibilidade as principais características na minha tenepes. Permanece o meu desejo de que muitas conscins possam pensar em estudar tenepes e realizar essa tarefa necessária e assistencial.

A avaliação da** fase inicial **da tenepes fornece importantes parâmetros de** aferição, **proporcionando** diretrizes **para as reciclagens necessárias ao aperfeiçoamento da aplicação da técnica.

Questionologia. Você, leitor ou leitora, prioriza a tenepes no seu dia a dia? Já mapeou a maneira de ter o melhor entrosamento com o seu amparador?

POSICIONAMENTO E SUSTENTABILIDADE NA TENEPES

(ASSISTENCIOLOGIA)

Definição. O *posicionamento e sustentabilidade na tenepes* são características da conscin que se disponibiliza a auxiliar no processo assistencial, com constância e cosmoética, adquirindo equilíbrio e superando todo e qualquer contrafluxo ou crise existencial em prol da evolutividade.

Sinonímia: 1. Determinação interassistencial. 2. Exemplarismo tenepessístico. 3. Dinamismo evolutivo pró-tenepes. 4. Força presencial do tenepessista. 5. Priorização tenepessística. 6. Direcionamento íntimo para a interassistência. 7. Disponibilidade interassistencial.

Antonímia: 1. Decidofobia anti-tenepes. 2. Passividade consciencial do tenepessista. 3. Procrastinação da tenepes. 4. Estagnação evolutiva. 5. Posicionamento em zonas de conforto. 6. Abstencionismo interassistencial. 7. Ausência de reciclagem do tenepessista.

Determinação. Ao decidirmos pela prática da tenepes, assumimos a responsabilidade do esforço a ser feito, diante dos ônus e bônus da caminhada evolutiva. A sustentabilidade exige vontade inquebrantável, determinação e foco aonde se quer chegar.

Traf*o*rismo. A abordagem traf*o*rista com investimento na qualificação pessoal e conquista da maturidade consciencial exigem interação fraterna com posicionamento neofílico, em prol da autossuperação e da interassistencialidade.

Reverberação. A partir do reconhecimento dos traf*o*res, é inevitável o comprometimento com a superação dos traf*a*res e conquista de traf*a*is, potencializando a força presencial que reverbera na assistência prestada.

Propulsores. A seguir, listadas em ordem alfanumérica, 7 propulsores da sustentabilidade do posicionamento assistencial:

1. **Compléxis.** Busca do completismo existencial.
2. **Conexão.** Sintonia com a equipe extrafísica de amparadores.
3. **Desperticidade.** Busca da desassedialidade permanente total.
4. **Intencionalidade.** Intenção assistencial, cosmoética e sadia.
5. **Ofiex.** Busca da instalação da ofiex pessoal.
6. **Recins.** Promoção de reciclagens intraconscienciais periódicas e profundas.
7. **Vontade.** Manutenção firme e inquebrantável dos propósitos assistenciais.

Oportunidade. A interação com outras consciências oportuniza a identificação das imaturidades pessoais. Não raro, desperdiça-se o aprendizado com o uso de mecanismos de defesa do ego, projetando no outro os próprios traf*a*res.

Traf*a*rismo. O tenepessista, ao exacerbar os traf*a*res, reforça vínculos patológicos com os antigos parceiros de atuação em contextos antievolutivos, afastando-se da conexão com a equipe extrafísica de amparadores.

Estagnação. O autoassédio que, por consequência, atrai heteroassédio, gera desgastes energéticos, o que ocasiona obnubilação e estagnação em subnível evolutivo.

Interdependência. A compreensão da interassistencialidade, a conscientização da interdependência e da inseparabilidade grupocármica aumentam a lucidez e a sustentabilidade interassistencial.

Respeito. O respeito ao livre arbítrio e as escolhas de cada um dentro do seu nível evolutivo, com isenção e sem expectativa no resultado, são fatores indispensáveis à disponibilidade interassistencial.

Cosmoética. O posicionamento cosmoético interassistencial em sintonia com o amparador possibilita ao tenepessista maior resistência às adversidades, evitando abordagens imaturas, agressivas e a imposição de ideias ou pontos de vista.

Porta-assistido. A sustentabilidade do trabalho, mantendo-se a postura de auto-imperdoador, oportuniza vivências de atuação lúcida no papel de porta-assistido, experiências que alavancam a evolução. O principal indicador da falta de posicionamento e sustentabilidade é o recesso na tenepes.

Fatuística (C.N.H.) (2011). *A realidade multidimensional vivida permitiu que eu rememorasse as vezes em que me encontrava no meio de uma ponte sobre um rio. Em cada um dos lados da ponte encontravam-se consciexes, clamando e reivindicando atenção, como se eu tivesse que escolher um dos grupos. Sem saída sobre a ponte, o posicionamento íntimo e a sustentabilidade de abrir mão de todo e qualquer vínculo com guias amauróticos era constante. Com a lucidez extrafísica, associando ao contexto vivenciado na vida intrafísica, os amparadores proporcionaram as ferramentas de uma forma didática para associação de ideias e maior compreensão da reciclagem a ser feita.*

Assumi o posicionamento íntimo de qualificar a assistência prestada, com abertismo e pré-disposição para reciclar posturas com resquícios de um passado místico e religioso. De uma forma didática e assistencial, os amparadores proporcionaram uma sequência de projeções, insights, clarividências viajoras para associação de ideias, proporcionando autoconscientização do público a ser assistido e da necessidade de atuar como minipeça assistencial dentro do mecanismo evolutivo, sem sucumbir às imaturidades e zonas de conforto. Entre as reciclagens que fiz, destacam-se as mudanças de cidade, de trabalho e de IC, a compreensão e qualificação da assistência, o investimento nos trabalhos energéticos, cursos de campo e estudo, participando de pesquisas, cursando a faculdade de psicologia, ampliando o nível de cientificidade em prol da teática da interassistencialidade.

***Sustentar** o holopensene da tenepes*
exige autossuperação, posicionamento
***cosmoético, abordagem traforista e** autocons-*
cientização da capacidade interassistencial.

Questionologia. Você, leitor ou leitora, já refletiu sobre os mecanismos que auxiliam a sustentabilidade da sua tenepes? Já se posicionou quanto à realização da tenepes para o restante da vida humana?

PEDIDO DE TENEPES
(INTERASSISTENCIOLOGIA)

Definição. O *pedido de tenepes* é a solicitação de assistência transcrita e endereçada ao praticante da tarefa energética pessoal.

Sinonímia: 1. Permissão assistencial 2. Elemento de *rapport* assistencial. 3. Solicitação de assistência ao tenepessista. 4. Demanda assistencial tenepessística. 5. Pedido de socorro ao tenepessista.

Antonímia: 1. Ordem de assistência. 2. Pedido de oração. 3. Omissão assistencial. 4. Desinteresse assistencial. 4. Explicitação de caprichos. 5. Estupro evolutivo.

Recebimento. O pedido de tenepes pode ser recebido por escrito, preferencialmente de próprio punho, verbalmente ou por outros meios, tais sejam telefone, e-mail, fax, chat, sendo depois impresso ou transcrito.

Formato. No pedido, devem constar os elementos essenciais ao *rapport*, tais como nome, idade, endereço (onde o assistido está no momento), se conscin ou consciex e o motivo da solicitação.

Papel. Idealmente, o pedido deve ser escrito ou impresso em papel limpo, somente numa face da folha (anopistografia) sem rasuras, evitando-se o aproveitamento de papéis destinados a outros fins.

Procedimento. No momento que antecede à prática da tenepes, o novo pedido é lido, com todos os dados constantes e com a melhor intencionalidade do tenepessista, buscando o *rapport* com a assistência a ser feita. Pode-se nesse momento exteriorizar energia para o pedido.

Individualidade. Idealmente, deve-se colocar no pedido apenas uma consciência ou as consciências envolvidas em contexto comum. Mesmo estando num único endereço, incluir mais de uma consciência com outro objetivo assistencial no mesmo pedido não é o melhor. Isso porque as necessidades de assistência de cada um são diferentes e individuais.

Armazenamento. O indicado é que os pedidos de tenepes sejam colocados em gaveta ou caixa exclusiva para essa finalidade, mantida no local da realização da tenepes, preservando o sigilo das informações e dos envolvidos.

Permanência. Os pedidos ficam guardados por aproximadamente 6 meses, exceção feita àqueles nos quais o tenepessista perceba necessitarem permanecer por mais tempo. Após esse período, os pedidos são queimados ou picotados.

Relevância. Muitas vezes, há dúvidas sobre se o assunto é relevante ou não para ser incluído nos pedidos de tenepes. Independentemente do que seja, se o mesmo preocupa o solicitante, já é motivo para realizar o pedido.

Familiares. Não é egoísmo solicitar assistência para si e a seus familiares. As pessoas próximas são as primeiras a serem atendidas na tenepes.

Isenção. Percebendo-se que não há isenção para realizar a assistência solicitada, especialmente no caso de pedidos para os familiares, recomenda-se encaminhar o pedido para outro tenepessista.

Garantia. Fazer o pedido não significa que o amparador vai atender o desejo do solicitante. O amparador, que tem a visão de conjunto, vai realizar a assistência adequada à situação. A responsabilidade maior sempre será da própria consciência fazer as suas reciclagens.

Apriorismo. Devem-se considerar todos os pedidos recebidos, sem exceção, mesmo que o tenepessista considere um motivo não importante.

Sub-humanos. Podem ser feitos pedidos de tenepes para sub-humanos. Os mesmos são consciências em evolução e também necessitam assistência, podendo ser estendida às pessoas da família em torno do animal, como efeito *halo*.

Pedidos. O GPC Tenepes Porto Alegre recebe pedidos de tenepes para serem encaminhados à lista de *e-mail* dos tenepessistas desde junho de 2002, sendo um dos pioneiros nessa prática. A seguir, listadas, em ordem alfanumérica, 7 características dessa lista:

1. **Destinatários.** Envia-se somente para tenepessistas cadastrados e que confirmaram o interesse de receber pedidos de tenepes via e-mail.

2. **Estrutura.** Uma ou duas conscins atuam como moderadores da lista, responsáveis pelo recebimento e envio dos pedidos.

3. **Impressão.** O pedido recebido deve ser lido com atenção, impresso ou transcrito no papel. Os pedidos de tenepes recebidos em meio eletrônico devem ser deletados do computador após impressos.

4. **Saída.** No caso do tenepessista desejar sair da lista, basta enviar um e-mail para o moderador, fazendo a solicitação.

5. **Suspensão.** Do mesmo modo, se o tenepessista desejar suspender temporariamente o recebimento de pedidos, basta enviar um e-mail para o moderador, fazendo a solicitação.

6. **Sigilo.** Envio com cópia oculta (Cco) ou *blind carbon copy* (Bcc) para preservar o endereço eletrônico dos assistentes. Omite-se o nome de quem fez o pedido, permanecendo apenas o de quem será assistido.

7. **Urgência.** Os pedidos são enviados com a maior brevidade possível.

Hipótese. Um pedido de tenepes encaminhado para uma lista de tenepessistas (1 mesmo pedido enviado para mais de 1 tenepessista) é atendido na tenepes daquele que tiver maior afinidade com o assistido e a especialidade assistencial.

Procedimentos. Ao receber as solicitações, por telefone, e-mail, ou de outra forma, o tenepessista anota ou imprime, e encaminha para a gaveta ou caixa exclusivamente reservada para isso. As solicitações podem ser lidas no momento em que são recebidas ou na hora da tenepes, mas todas devem ser lidas sem exceção. Pode-se ler antes da tenepes cada um dos nomes em voz alta ou não, visto que já foi feito o *rapport* na hora da solicitação. Defina para si de que forma vai proceder.

Relacionamentos. Mesmo com alguma dificuldade de relacionamento, podemos colocar nomes dos envolvidos na tenepes, porém atenção à questão da intencionalidade sadia. Sugere-se também que os nomes dos envolvidos sejam encaminhados para os colegas tenepessistas, que podem garantir maior isenção na assistência prestada.

Familiares. É possível colocá-los na tenepes. Inclusive nos 6 primeiros meses da tenepes em geral são atendidos o próprio participante e seu entorno familiar. Nas Instituições Conscienciocêntricas, como IIPC, OIC, CEAEC, IC Tenepes, entre outras, existem formulários de solicitação de assistência pela tenepes, que são encaminhados para os praticantes que frequentam a instituição. Essa solicitação pode ser feita pessoalmente, por telefone, fax ou e-mail.

Nosologia. Os pedidos de tenepes dão uma clara ideia das doenças e necessidades das consciências em nosso atual nível evolutivo. Para o tenepessista, ajuda a ter a compreensão da justa medida das suas próprias necessidades.

Parapedidos. Levantamos a hipótese que as próprias consciexes possam buscar assistência e que os pedidos, para si ou para terceiros, possam ser feitos diretamente do extrafísico.

Fatuística 1 (F.N.A.) (2010). *Escola de projeção lúcida (EPL). Parapedidos: Em aula da escola de projeção lúcida recebi extrafisicamente um parapedido de tenepes por parte de uma consciex para uma moça de nome incomum com a seguinte descrição: "este é um pedido de tenepes para a Fulana". Nessa mesma projeção, identifiquei a presença da coordenadora extrafísica do GPC tenepes que observava aparentemente sem intervir.*

Ao retornar ao soma, relatei o nome da moça e o parapedido. Não havia relação com ninguém conhecido, porém no início dessa aula da EPL, um aluno havia feito referência a um acidente de moto em que havia dessomado um rapaz, mas ele tinha nome diferente do captado no extrafísico. Na aula seguinte, a pessoa que havia relatado o acidente disse que recebeu a informação do nome da esposa do acidentado que era exatamente o mesmo recebido no extrafísico, fato que nenhum dos presentes conhecia.

Fatuística 2 (J.M.). *Internação na tenepes do prof. Waldo Vieira. Fui hospitalizada por uma infecção. A conduta médica foi de não me medi-*

car com antibióticos e o processo evoluiu para um abscesso (acumulação de pus) complicado com uma volumosa celulite. Intuída pelo amparador, estava medicando-me com antibiótico. No 3º dia de hospitalização, o quadro clínico piorou muito e fiz bacteremia (presença de bactérias no sangue). Fiquei o dia todo comatosa. Durante o período, acompanhada pelo amparador, projetei-me duas vezes até o CEAEC. Na 1ª vez, constatei que o dia estava claro, agradável, sem qualquer carro no estacionamento ou movimento de pessoas circulando. Percebi uma pessoa conhecida sentada no restaurante. Passei pela recepção e parei perto do abacateiro que havia em frente à casa do prof. Waldo. Fiquei parada, observando a casa e desejando ter o merecimento de entrar na tenepes dele. Nesse momento, voltei para o hospital, pois estavam aplicando a medicação. Cochilei novamente e meu amparador, com face tranquila e serena, perguntou-me: "Você não merece? Tente! ". Respondi a ele: "Não posso, não é cosmoético entrar na tenepes sem conversar com o prof. Waldo". O amparador insistiu e, embora resistindo, acabei acompanhando-o. Escrevi o meu nome em um papel em branco e, com muita reserva e timidez, tive a percepção que fui entrando na gaveta de tenepes do prof. Waldo e me instalei em um canto, à direita. Eu estava me sentindo muito mal, sem lucidez. Nesse primeiro momento, não enxerguei ninguém, mas sabia que havia muitas consciências ali. Aos poucos, passei a me sentir confortável, com um calor agradável me envolvendo e com isto comecei a despertar. A gaveta foi ficando muito iluminada e então passei a perceber que cada papel representava uma consciência cujos rostos passei a ver, analisar e identificar as patologias, carências e dificuldades. Manifestei ao amparador o desejo de sair, pois no meu entendimento estava ali como uma intrusa. Ele pediu que eu ficasse mais um pouco para continuar melhorando. Muitos banhos de energia e EVs espontâneos aconteceram. A partir desse momento, passei a ver na minha tela mental as bactérias retornando ao foco infeccioso (autoscopia) e ficando aprisionadas ali, sem contaminarem mais o sangue. Tive então a certeza de que a saúde estava voltando ao normal. Continuei acompanhada pelo amparador até o hospital. Logo em seguida o telefone tocou: era aquele amigo que vislumbrei no restaurante do CEAEC que queria falar comigo. Ao informá-lo de que eu estava hospitalizada, in-

cumbiu-se de levar o pedido de tenepes, pessoalmente, para o prof. Waldo. Ao final da tarde, em torno das 18 horas, médicos e familiares estavam reunidos em meu quarto. Naquele momento, vi o prof. Waldo projetado na sacada do quarto do hospital. Quando o reencontrei em Foz do Iguaçu, tempos depois, ele confirmou o fato.

Fatuística 3 (D.P.P.) (2009). *Repercussões. Na tarde de 31 de dezembro de 2009, dirigi-me ao quarto onde faço a tenepes, para recolher os papéis antigos de pedidos a fim de serem posteriormente queimados. Movimentei as energias e comecei a retirar os papéis da bolsa. Como não tinha uma visão panorâmica do número de solicitações que foram se acumulando dentro da bolsa, na medida em que os fui retirando, uma forte onda de alegria tomou conta de mim: havia centenas de pedidos de tenepes! De todas aquelas solicitações eu conhecia em torno de 10 pessoas. Percebi que, por menor que tenha sido minha participação nesse trabalho de assistência com o amparador, o mesmo constituiu em algo com um significado amplo, grandioso e assistencial. Fiquei em euforin por alguns dias diante dessa constatação. Minha gratidão ao amparador é imensa, e a todos aqueles que acreditaram que eu podia e estava pronta para praticar a tenepes também.*

A PARTIR DO PEDIDO DE TENEPES, *EXPLICITADOR* ***DA*** *SOLICITAÇÃO INTERASSISTENCIAL,* ***OCORRE O RAPPORT ENTRE ASSISTIDO, TENEPESSISTA E AMPARADOR, DINAMIZANDO O ATENDIMENTO ÀS NECESSIDADES EVOLUTIVAS.***

Questionologia. Você, leitor ou leitora, ainda pede mais para si e para o seu grupo nuclear? Já analisa o alcance e as características da sua assistência em função dos pedidos recebidos?

ATUAÇÃO DOS CHACRAS NA TENEPES

(ENERGOSSOMATOLOGIA)

Definição. A *atuação dos chacras na tenepes* é o efeito da captação das energias imanentes, transformação em energias conscienciais, exteriorização e absorção realizada pelos vórtices energéticos constituintes do energossoma, durante a prática da tenepes.

Sinonímia: 1. Doação energossomática na tenepes. 2. Transmissão energética chacral na tenepes. 3. *Modus operandi* energossomático na tenepes. 4. Transformação de energias pelos chacras na tenepes. 5. Ação dos transdutores vitais na tenepes. 6. Dinâmica chacral durante a tenepes.

Antonímia: 1. Ausência energética na tenepes. 2. Bloqueio energossomático na tenepes. 3. Inibição energética. 4. Descompensação energossomática. 5. Drenagem energossomática. 6. Vampirização energética.

Localização. Os chacras localizam-se junto aos principais plexos nervosos do soma e conectam-se às sete glândulas que compõem o sistema endócrino (BRENNAN, 2006, p. 76; VIEIRA, 1999, p. 301 a 303).

Características. Os chacras são percebidos nos pontos onde os fluxos energéticos se cruzam mais intensamente e atuam como elementos de conexão entre o soma e o psicossoma. Em número aproximado de 88.000, presentes em cada individualidade consciencial, possuem gradações de importância e função. Destacamos 10 chacras por seu importante papel na tenepes, dos quais 7 constituem-se como chacras principais, listados em ordem anatômica longitudinal descendente: coronochacra, frontochacra, laringochacra, cardiochacra esplenicochacra, umbilicochacra e sexochacra e 3 chacras secundários: nucalchacra, palmochacras e plantochacras.

Intercâmbio. Devido ao sistema chacral, somos capazes de absorver, exteriorizar e trocar energias com outras consciências e ambientes, resultando nos nossos níveis de energia, vitalidade e saúde equilibrados ou não.

Campo. Os chacras têm papel decisivo na instalação do campo assistencial da tenepes pela sua capacidade de aspergir e absorver energias, sustentando o processo energético.

Energossoma. O energossoma é o conjunto de todos os chacras, percebido como um invólucro energético circundando o soma, luminoso, dinâmico e etéreo. Entre suas principais funções, destacam-se estas 10, elencadas em ordem alfanumérica:

01. **Absorção.** Absorver a energia imanente e transformá-la em energia consciencial.

02. **Assistência.** Assistir a outras consciências por meio da doação energética.

03. **Comunicação.** Comunicar-se e interagir com outras consciências.

04. **Conexão.** Servir de ponte entre o soma e o psicossoma.

05. **Defesa.** Defender energeticamente o holossoma.

06. **Delimitação.** Definir o espaço pessoal.

07. **Distribuição.** Distribuir energia a todas as regiões do corpo físico pelos canais gerais de circulação energética.

08. **Exteriorização.** Exteriorizar energia consciencial empregada nas manifestações da consciência.

09. **Percepção.** Fazer a leitura energética das consciências e dos ambientes.

10. **Vitalização.** Manter os níveis de energia, vitalidade e saúde equilibrados.

Tradutor. Os chacras refletem sinais que o mentalsoma traduz, decodificando-os para algo entendível, ao servir de *interface,* transferem informações de energossoma para energossoma, explicitando o quadro energético de cada consciência. Para entendê-los a linguagem é desnecessária, pois a energia consciencial permite a comunicação sem palavras entre as pessoas, atuando como denominador comum das consciências ou como tradutor universal.

Sinalética. Estar parapsiquicamente atento e saber traduzir os sinais são resultados do desenvolvimento contínuo do parapsiquismo. Familiarizar-se com a sinalética energética parapsíquica assemelha-se à elaboração de um dicionário no qual cada estímulo tem um significado e uma representação particular.

Parapsiquismo. Ao desenvolver o parapsiquismo, passa-se a perceber os chacras individualmente ou como um todo pulsante e a identificá-los com clareza.

Taxologia. Para aprofundamento da relação entre tenepes e os chacras estudados, eis 10 detalhamentos sobre os mesmos, dispostos em ordem alfanumérica:

01. **Cardiochacra.** Situa-se na parte superior do tórax, na região peitoral. Ligado ao coração, pulmões e à glândula timo, localiza-se no meio do tórax da conscin, responsável pela energização do sistema cardiorrespiratório. Afetado pelo desequilíbrio emocional, tem relação direta com o psicossoma. Ligado à alteração no ritmo respiratório que ocorre durante as exteriorizações mais intensas na tenepes. Atua em conjunto com os palmochacras.

02. **Coronochacra.** Situa-se no topo do crânio. O coronochacra está relacionado com a glândula pineal, situada no centro da cabeça, logo abaixo dos dois hemisférios cerebrais. O coronochacra é o ponto de ligação das energias superiores ao soma e tem muita importância nos fenômenos anímico-parapsíquicos. Responsável pela ligação do intra com o extrafísico, permite a expansão da consciência e a captação das ideias avançadas oriundas do amparo.

03. **Esplenicochacra.** Situa-se na região do baço, do lado esquerdo do soma, abaixo da última costela. Tem a função de subdividir e distribuir a energia aos demais chacras. É o mais importante centro energético de vitalização do corpo físico. Ligado ao baço, além de

regular a distribuição e circulação dos recursos vitais, a formação e reposição das defesas orgânicas através do sangue, mantém em equilíbrio todos os fluidos do corpo. Tem importante função na projeção da consciência. O esplenicochacra facilita e potencializa a projeção energética e consciencial. Colabora na desassimilação.

04. **Frontochacra.** Situa-se entre as sobrancelhas. O frontochacra influencia o hipotálamo e está ligado à glândula hipófise ou pituitária. Afinizado com o mentalsoma, tem relação direta com os diversos fenômenos de clarividência, premonição, intuição e percepções parapsíquicas e com a lucidez do projetor fora do corpo físico. É o chacra da aprendizagem e do conhecimento. Possibilita a autoconscientização multidimensional. "O frontochacra permite à conscin projetada o aumento da lucidez em suas percepções no extrafísico, propiciando distinguir com maior precisão a forma e a natureza dos ambientes e objetos extrafísicos" (VIEIRA, 1999, p. 563). É comum o tenepessista mais avançado em seu desenvolvimento ter o frontochacra latejando permanentemente.

05. **Laringochacra.** Situa-se no pescoço, região da garganta. É o centro de força base da comunicação. Quando bem desenvolvido, facilita a psicofonia e a clariaudiência. Responsável pela energização da boca, metabolismo do corpo, capacidade de leitura, audição, garganta e órgãos respiratórios, ligado à glândula tireoide. A oxigenação dos pulmões tem um papel altamente positivo na expansão da consciência. Quando a conscin possui pouca força energética, ou usa algum mecanismo de defesa, ou ainda está sob pressão, isso pode afetar negativamente o funcionamento deste chacra, ocasionando a sensação de *nó na garganta.* Existe estreita ligação entre o laringochacra e o frontochacra, ambos associados ao conhecimento e à holomemória da conscin. O laringochacra também se relaciona com o sexochacra.

06. **Nucalchacra.** Situa-se atrás da cabeça, na região da nuca, próximo ao cerebelo, antepondo-se ao chacra laríngeo. É um chacra de alerta para acoplamento de consciexes. Relaciona-se com a comunicação interconsciencial e pode ser alvo em casos de vampirização

energética. Embora seja um chacra secundário, é importante pelas funções que desempenha e alguns autores o apontam como a raiz do cordão de prata. No nucalchacra ocorrem com mais frequência as assimilações das energias de consciexes. Se a consciex estiver energeticamente desequilibrada ou for energívora, a assimilação pode causar desconforto ao tenepessista, tais como peso, pressão, rigidez, ardência na nuca, os quais cessam com a exteriorização e desassimilação energética.

07. **Palmochacras.** Situam-se nas palmas das mãos e associam-se aos plexos pulmonar e cardíaco junto com o cardiochacra. Usados para exteriorização e absorção voluntária de energias, têm a capacidade de direcioná-las, permitindo energizar ambientes ou pessoas. Os palmochacras bem desenvolvidos favorecem a percepção energética. A percepção da exteriorização energética pelas palmas das mãos costuma ser acentuada e torna-se gradativamente mais forte. Tenepessistas relatam a percepção da energia saindo de seus palmochacras como ondas, jatos, calor ou frio e até sensação de desmaterialização das mãos. Em geral, a exteriorização predominante pelos palmochacras ocorre nos primeiros anos de prática. Segundo Vieira (1995, p. 64), "*ocorre aqui, obviamente, antes de tudo, o circuito energossomático clássico, o mais comum na existência da conscin: absorvemos energia imanente pelos plantochacras e doamos energia consciencial pelos palmochacras*". São comuns os movimentos involuntários dos braços, inspirados pelo amparador da tenepes, o que geralmente potencializa a exteriorização energética, funcionando, os palmochacras, como aspersores de energia.

08. **Plantochacras.** Situam-se nas plantas dos pés. Os plantochacras, de categoria secundária e do tipo duplo, assim como os palmochacras, são importantes por sua forte atuação na prática da tenepes. Uma de suas funções é absorver as geoenergias e dirigi-las ao sexochacra, que atua como um receptáculo distribuidor através do qual passa toda energia que vai de um chacra a outro. A energia dos plantochacras está relacionada com a vitalidade física, sexualidade ma-

dura e fixa a conscin no intrafísico. A absorção desse tipo de energia ocorre com maior eficácia quando entramos em contato com a natureza. Relatos de tenepessistas atestam ser frequente a percepção de agulhadas, pulsações, dores efêmeras, câimbras, balonamentos, calor ou frio, na região desses chacras. Tem relação com a exteriorização de ectoplasma, principalmente pelos membros inferiores. Caminhadas ajudam a conscin a desbloqueá-los.

09. **Sexochacra.** Situa-se na área do períneo, entre o sacro e os órgãos genitais e é associado às glândulas suprarrenais e gônadas. Relaciona-se com os rins, coluna vertebral, a linfa e sistemas de eliminação e reprodução. Absorve geoenergia pelos plantochacras, com os quais tem estreita relação. Ativa, como chave bipolar, todos os demais chacras. Pode manifestar-se com intensidade nos tenepessistas. A geoenergia que perpassa os plantochacras e a exteriorização de ectoplasma podem produzir intensas agulhadas e desconforto nas pernas. A energia recebida neste chacra divide-se e se desloca em direção aos chacras esplênico e umbilical. A carência sexual leva a fantasias que são portas abertas para a drenagem energética do tenepessista, podendo levá-lo à tenepes de meia força.

10. **Umbilicochacra.** Situa-se ligeiramente acima do umbigo. É o responsável pela energização do sistema digestivo, ligado ao pâncreas. Atua integrado ao sexochacra. É considerado o chacra das emoções inferiores, também chamado de subcérebro abdominal. Tenepessistas veteranos relatam a atuação deste chacra na tenepes com sensação de aumento de volume na área onde ele se localiza. Em outros momentos, torna-se um repositório que libera a energia. Esse chacra pode atuar na função de assimilar a energia das consciências, podendo eventualmente dar a sensação de dor, náusea, sono, peso no corpo, até que, pela tenepes, ocorra a assistência e a desassimilação.

Acoplamentos. No umbilicochacra e nucalchacra podem operar-se assimilações por meio de conexão energética com consciências patológicas que se ligam ao tenepessista dias ou horas antes da prática da tenepes. A consciex desequilibrada, ainda animalizada e com a predominância das emoções, acopla na psicosfera do tenepessista e feita essa conexão, o tenepessista passa a sentir, de imediato, todo o conjunto de sensações e emoções da consciex, como dores no corpo, falta de ar, tristeza, choro, aflição, raiva, vontade de brigar, frio, calor, etc. Em algumas ocasiões, são transmitidas palavras pensadas ou ditas pela consciex.

Desassimilação. A instalação do estado vibracional e a exteriorização de energias, principalmente pelos chacras nucal e umbilical facilitam a desassimilação energética. Quanto mais sadia a pensenidade, mais forte a estrutura energossomática, maior a potência energética, maior a capacidade de assimilação e desassimilação. O amparador, ao final da tenepes, ajuda o tenepessista na desassimilação, resultando em bem-estar.

Pesquisa. Em pesquisa realizada entre os integrantes do GPC Tenepes Porto Alegre, percebeu-se a manifestação singular dos chacras para cada tenepessista. Destacou-se nos iniciantes a predominância dos palmochacras e o cardiochacra, enquanto que para os experientes houve uma maior atividade dos plantochacras, sexochacra, umbilicochacra, laringochacra, frontochacra e coronochacra. Essa atividade nos chacras também variou de acordo com o contexto de vida do tenepessista e o tipo de assistência realizada.

Fatuística (I.R.S.). *No quarto da tenepes, circulando as energias, observei o chacra umbilical e a percepção que tive era exatamente como a abertura de um grande sol exteriorizando energias, era muito claro, mais parecia a boca de um vulcão e me dei conta que estava projetada porque ouvi extrafisicamente o som de despertador me avisando para voltar. Em seguida, no intrafísico, ouvi o despertador indicando o horário de começar a tenepes.*

***PARA** QUALIFICAR E POTENCIALIZAR **A EXTERIORIZAÇÃO DE ENERGIAS INTERASSISTENCIAIS, DURANTE A PRÁTICA DA TENEPES, O TENEPESSISTA DEVE MANTER A** PENSENIDADE HÍGIDA **E OS** CHACRAS ATIVOS E DESBLOQUEADOS.*

Questionologia. Você, leitor ou leitora, ainda mantém bloqueios energéticos cronicificados? Você já percebe quais os chacras mais atuantes na sua tenepes?

SINERGISMO ESTADO VIBRACIONAL–TENEPES

(AUTODESPERTOLOGIA)

Definição. O *sinergismo estado vibracional–tenepes* é o conjunto de efeitos potencializadores, consequentes da interação da aplicação continuada das técnicas do estado vibracional e da tenepes, capaz de ampliar a lucidez, o parapsiquismo, a autodefesa energética, a autodesassedialidade e a iscagem lúcida, com saldos cosmoéticos e evolutivos na vivência da interassistencialidade avançada.

Sinonímia: 1. *Sinergismo EV–tarefa energética pessoal.* 2. Potencialização domínio energético–assistencialidade avançada. 3. *Sinergismo qualificação energossomática–autoprontidão tenepessológica.* 4. *Sinergismo condicionamento energético–tenepes.* 5. *Sinergismo organização energossomática–qualificação tenepessística.* 6. Amplificação da capacidade tenepessológica por meio do estado vibracional.

Antonímia: 1. *Sinergismo patológico ausência de estados vibracionais profiláticos–tenepes estagnada.* 2. Descompensação energossomática–tenepes. 3. Ausência de autodiscernimento energético na tenepes. 4. Defasagem energética inviabilizadora da tenepes. 5. Inexperiência energética do tenepessista. 6. Indisponibilidade energética assistencial do tenepessista.

Vagalume. Na experiência dos tenepessistas de Porto Alegre percebeu-se a ocorrência de períodos de baixa potência energética na prática da tenepes, oscilando com períodos de melhoria energética, configurando a condição de "acende-apaga energético" ou "efeito vagalume".

Amparador. Para o amparador, é mais importante o percentual médio de energia, disponível rotineiramente na condição de constância energética, do que eventuais picos de energias esporádicos, com os quais não há a certeza de poder contar.

Auto-organização. O estado vibracional é agente facilitador da auto-organização necessária para a vida do tenepessista, começando pelas energias e estendendo-se para a pensenidade como um todo.

Indicador. A baixa na frequência da instalação do estado vibracional pode ser indicadora de intrusões pensênicas ou insuficientes desassimilações.

Autodefesa. Nas ocasiões nas quais o tenepessista necessita se defender energeticamente, a circulação fechada e a consequente instalação do estado vibracional são decisivos para o sucesso da autodefesa e a manutenção da higidez do tenepessista.

Atributos. A força de vontade, organização, concentração e persistência são atributos conscienciais imprescindíveis para o tenepessista manter a rotina de estados vibracionais.

Vitalidade. A boa forma energética, associada com a boa forma física, tem relação direta com a quantidade de energias conscienciais livres e disponíveis para a assistencialidade.

Flexibilidade. A flexibilidade do energossoma obtida com o trabalho energético frequente melhora a interface interassistencial, ampliando a percepção da sinalética parapsíquica pessoal, facilitando sua decodificação e a interação do amparador com o tenepessista.

Conexão. Pode ser percebido durante os períodos de instalação de EVs, com maior frequência, o aumento da perceptibilidade parapsíquica durante a tenepes, e a hipótese levantada é que o EV melhora o fluxo de informações do paracérebro para o cérebro físico, facilitando a parapercepção.

Utilidades. Eis, na ordem alfanumérica, 7 utilidades da aplicação frequente do estado vibracional por parte do tenepessista:

1. **Assimilação.** A soltura energossomática por meio do estado vibracional amplia a assimilação simpática assistencial e a capacidade de realização de paradiagnósticos nas consciências assistidas.

2. **Desassedialidade.** Nos períodos de maior frequência do trabalho energético, notou-se diminuição da influência de assédios eventuais bem como maior percepção dos mesmos.

3. **Desassimilação.** A instalação do estado vibracional melhora a capacidade de desassimilar as energias intrusivas (*desassim*), facilitando o trabalho dos amparadores na *para-assepsia* dos ambientes e do próprio tenepessista.

4. **Ectoplasmia.** Houve incremento da ectoplasmia durante as sessões da tenepes decorrente do investimento na prática do estado vibracional (EV).

5. **Isca.** Quando o energossoma foi trabalhado com maior frequência, percebeu-se a ampliação da condição de isca assistencial lúcida com a manutenção de energias atrativas às consciências assistíveis.

6. **Profilaxia.** Segundo experiência de integrantes do GPC tenepes, o estado vibracional se mostrou importante na evitação de acidentes de percurso de base parapsíquica, pela manutenção da higidez energética e pela ampliação da lucidez.

7. **Recessos.** A negligência do trabalho energético, da aplicação assídua do estado vibracional e das manobras com energias, é um dos principais responsáveis pela suspensão temporária das parapercepções na tenepes ou mesmo seu recesso; o outro é a ausência de cosmoética.

Efeitos. Os efeitos resultantes do *sinergismo estado vibracional––tenepes* podem ser classificados em 4 categorias básicas, listadas em ordem funcional de sutilização crescente dos veículos de manifestação da consciência:

1. ***Somáticos:*** rejuvenescimento; homeostase; fortalecimento imunológico; revigoramento.

2. ***Energossomáticos:*** desbloqueios energéticos; desassimilações; expansão energossomática; maior refratariedade às intrusões.

3. ***Psicossomáticos:*** euforia; tranquilidade; acalmia; bem-estar; satisfação; autoconfiança.

4. ***Mentaissomáticos:*** agudização mental; lucidez; discernimento; expansão mentalsomática.

Potencialização. Eis, na ordem alfanumérica, 25 correlações sinérgicas entre o estado vibracional e a tenepes:

01. **Amparo.** O incremento da interação com o amparo de função.

02. **Assistencialidade.** A ampliação da capacidade da tara parapsíquica.

03. **Ativação.** O reforço na capacidade de doação energética ocasionado pela ativação energossomática frequente.

04. **Autodefesa.** A ampliação da capacidade pessoal de autodefesa energética.

05. **Autonomia.** A obtenção de maior autonomia na gerência da própria vida humana por intermédio da desassimilação energética e pensênica, eliminando as influências intrusivas.

06. **Desassedialidade.** O autodesassédio potencializando o heterodesassédio.

07. **Desassimilação.** A autodesassim frequente aumentando a capacidade de heterodesassim assistencial.

08. **Desbloqueio.** A eliminação de bloqueios energossomáticos do tenepessista.

09. **Descablagem.** A eliminação de *links* energéticos patológicos.

10. **Desintrusão.** O desvencilhamento de guias extrafísicos amauróticos.

11. **Desmistificação.** A eliminação da necessidade de rituais místicos.

12. **Docência.** A teática interassistencial conscienciológica em sala de aula.

13. **Epicentrismo.** A vivência do epicentrismo lúcido rumo à desperticidade.

14. **Evolutividade.** A profilaxia da tenepes estagnada.

15. **Extrapolacionismo.** A dinamização máxima das energias do tenepessista, facilitando o extrapolacionismo assistencial.

16. **Higienização.** A auto-higienização energossomática colaborando na para-higienização da base física.

17. **Iscagem lúcida.** A saída da condição de vítima de assédios frequentes.

18. **Lucidez.** A expansão energossomática propiciando agudização das parapercepções.

19. **Parapsiquismo.** A percepção e interação lúcida com a multidimensionalidade.

20. **Pré-ofiexismo.** A instalação da tenepes 24 horas rumo à ofiex.

21. **Projetabilidade.** A vivência da projetabilidade lúcida interassistencial.

22. **Qualificação.** A qualificação energética visando a qualificação assistencial.

23. **Refratariedade.** A intensificação da refratariedade às intrusões energéticas.

24. **Resiliência.** A obtenção de maior estofo bionergético.

25. **Sinalética.** A identificação da sinalética energética e parapsíquica pessoal.

Tabela de EVs. É recomendável a utilização de uma tabela ou planilha para acompanhamento da progressão dos estados vibracionais como elemento de autopesquisa (figura 1).

PLANILHA DE REGISTRO DIÁRIO DE EVs

Nome Completo: **Mês:**

Para cada tentativa de instalação do EV, marque uma nota conforme o seu desempenho:

Nota 0 = Tentei instalar o EV mas não senti nada. **Nota 3** = Percebi o EV.

Nota 1 = Percebi a energia circular com dificuldade. **Nota 4** = Percebi o EV intensamente.

Nota 2 = Percebi a energia circular com facilidade.

Tentativas

Dias	01	02	03	04	05	06	07	08	09	10	11	12	13	14	15	16	17	18	19	20	Tentativas	Nota
1º																						
2																						

Figura 1 – Planilha mensal para acompanhamento na realização do EV.

Fatuística *(D.P.P.). Lembro-me dos primeiros cursos frequentados no Instituto Internacional de Projeciologia e Conscienciologia (IIPC) de Porto Alegre e a autoconstatação do baixo desempenho nas práticas energéticas em contraste aos relatos dos outros alunos recheados de vivências, causando-me constrangimento a cada repetição da frase não senti nada. Houve cursos em que a postura percebida foi de entrar mudo e sair calado, repercutindo no baixo aproveitamento de oportunidades para reciclar. A defasagem entre o conhecimento adquirido e a prática energética deficitária gerou uma crise que necessitava investimento íntimo para deixar a condição denominada casca-grossa energética. No Curso Integrado de Projeciologia (CIP) do IIPC foi apresentada uma planilha-modelo, com o objetivo de motivar os alunos a acompanharem suas tentativas e sucessos para alcançar a condição de realizar os 20 EVs diários (figura 1).*

Desafio. *Inicialmente, a ideia da planilha pareceu-me boa, porém na prática, no meu caso, havia um problema na efetivação: lembrar de fazer o EV era o desafio para ser superado.*

Ferramenta. *No meu dia a dia, a informática é ferramenta utilizada integralmente nas 8 horas diárias de trabalho. A ideia foi de transportar a planilha de acompanhamento dos EVs para o microcomputador e ordená-la de maneira a auxiliar nos lembretes durante a jornada profissional.*

Outlook. *O software da Microsoft®, denominado Outlook®, tem a finalidade, entre outras coisas, de agenda eletrônica, ou seja, seus compromissos podem estar ali dispostos e o software lembra você quando está na hora de executá-lo (figura 2).*

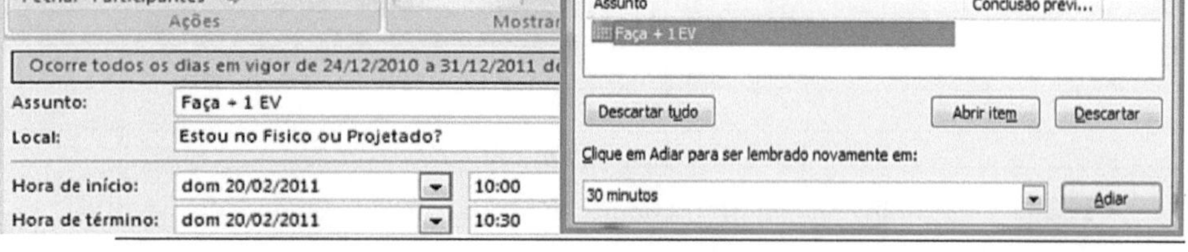

Figura 2 – Visão do software e mensagem "lembrete" que aparece na tela do computador.

Superação. *Com esta técnica aprendi na prática a utilizar o trafor da organização para superar o trafar do esquecimento na realização do estado vibracional, objetivando o domínio energético.*

Ajuste. *Substituí marcar a quantidade (figura 1) para o formato tempo, ou seja, fazer um EV a cada 30 minutos no horário de trabalho (das 08h30min às 18h00min) conseguindo, assim, cumprir o objetivo de executar os 20 EVs diários (figura 3). Após o horário de trabalho, fazia EVs, mas não registrava.*

Nota. *Utilizava, como na planilha original (figura 1), a avaliação por meio de notas: "0" = tentei instalar e nada senti; "1" = percebi a energia circular com dificuldade; "2" = percebi a energia circular com facilidade; "3" = instalei o EV; "4" = instalei o EV intensamente.*

PLANILHA DE REGISTRO DIÁRIO DE EVs

Nome: **Mês:**

Para cada tentativa de instalação do EV, marque uma nota conforme o seu desempenho:

Nota 0 = Tentei instalar o EV mas não senti nada. **Nota 2** = Percebi a energia circular com facilidade.

Nota 1 = Percebi a energia circular com dificuldade. **Nota 3** = Percebi o EV. **Nota 4** = Percebi o EV intensamente

Dia	8:30	9:00	9:30	10:00	10:30	11:00	11:30	12:00	12:30	13:00	13:30	14:00	14:30	15:00	15:30	16:00	16:30	17:00	17:30	18:00

* **Tentativa** = número de vezes que tentou instalar o EV em um dia. Tentativas máximas em um dia = 20

** **Nota** = Soma das notas de cada tentativa de um dia. Nota máxima de 1 dia = 80 (ou 20 tentativas x nota 4)

Figura 3 – Primeira planilha modificada do original apresentada no curso do CIP.

Dados. Depois de um período de 62 dias, (04 de setembro/09 a 05 de novembro/09), realizei a primeira coleta de dados, necessitando de uma segunda tabela com o resumo das quantidades (figura 4) e a elaboração do primeiro gráfico de desempenho (figura 5).

hora/dia	08:30	09:00	09:30	10:00	10:30	11:00	11:30	12:00	12:30	13:00	13:30	14:00	14:30	15:00	15:30	16:00	16:30	17:00	17:30	18:00	VEZES
4-set	3	3	3	3	3	3				3	3	3	3	3	3						12
8-set		3	3	3	3	3	3	3				3	3	3	3	3	3	3	3	3	16
9-set		3		3		3	3	3				3									6
10-set		3	3			3	3														4
14-set	3	3	3	3	3	3	3	3				3	3	3	3	3		3			14
15-set	3			3			3			3			3	3	3	3		3			9
16-set		3	3	3	3	3	3	3	3	3	3	3	3								12
17-set	3	3	3	3	3	3	3	3	3	3	3	3	3	3							14
18-set	3	3	3	3	3			3	3			3			3	3	3				11

21-set	3	3		3	3	3	3					3	3								8
22-set	1	3																			2
23-set	3	3		3	3	3	3			3	3	3	3	3	3	3	3	3			15
24-set	2																				1
25-set	2	2	3	3	3	3	3				3	3	3	3							15
27-set				1																	1
28-set			2	3	3		3	3			3	3	3		3			3	3		11
29-set				2		3	3	3			3		3	3	2	2	3	2			11
30-set	2	3		3	3						3	3	2		3	3	2				10
1-out			2	3			3								3						4
2-out	3	3	3	3																	4
5-out	3	3	3	3	3																5
6-out	3	3	3	3	3	3	3				2		3				3	3			12

Figura 4 – Amostra quadro resumo do primeiro trimestre.

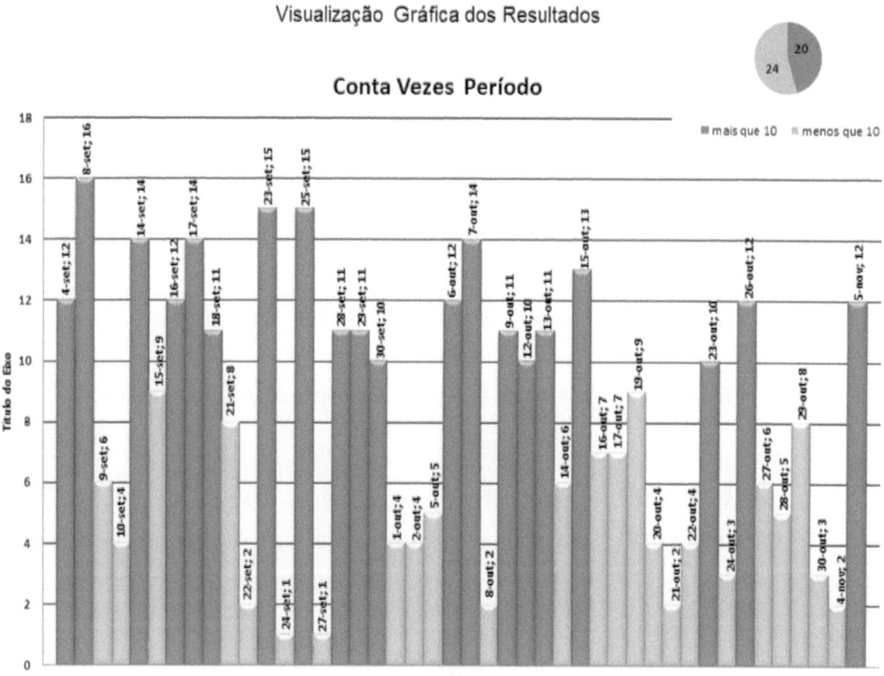

Figura 5 – Amostra gráfica da planilha anterior.

EVs. Observa-se que as barras cinza escuras (mais altas) indicam a realização de no mínimo 10 EVs no dia. Em cinza claro, menos de 50% da meta.

Aperfeiçoamento. Toda pesquisa requer dedicação e persistência. Os dados obtidos em determinado período de tempo servem para aprofundar a análise dos fatos, identificando falhas e obtendo conclusões iniciais para, em seguida, aperfeiçoar a técnica e ir melhorando os resultados.

Esforço. As tentativas diárias de instalação do estado vibracional exigiram muito esforço inicial. Era necessário parar tudo que estava fazendo, ficar de pé com os olhos fechados, concentrar-me para conseguir o resultado. Maior trabalho ainda foi agrupar as experiências diárias dos 62 dias para estudar os fatos e extrair as primeiras conclusões.

Otimização. O período seguinte de estudo foi maior, abrangendo de 06 de novembro de 2009 a 31 de maio de 2010. Os aproximadamente sete meses de aplicação da técnica geraram 206 folhas de avaliação para serem agrupadas e compiladas a fim de identificar os progressos da pesquisa, repercutindo em outras tantas horas para executar o trabalho de extrair os dados e analisar os fatos. O passo seguinte foi melhorar a planilha e a técnica da coleta de dados para aperfeiçoar o resultado.

Evolução. Dois objetivos precisavam ser alcançados nesta nova etapa. Aperfeiçoar a análise diária, melhorando a obtenção do EV e facilitar a obtenção gráfica dos dados.

Acompanhamento. Nova grade de acompanhamento do EV foi incorporada ao *Outlook* (figura 6).

Para cada tentativa de instalação do EV, marque uma nota conforme o seu desempenho: Nota: 1

Efeito/ Hora	8:00	8:30	9:00	9:30	10:00	11:00	11:30	12:00	12:30	13:00	13:30	14:00	14:30	15:00	15:30	16:00	16:30	17:00	17:30	18:00
Instalei o EV Intenso																				
Instalei o EV																				
Energia Circulou Fácil																				
Energia Circulou Difícil																				
Nada Senti																				

Figura 6 – Grade aperfeiçoada para o acompanhamento da segunda fase da pesquisa.

Melhorias. Optei por nota única "1", identificando a posição alcançada, e colori a grade, fazendo analogia ao semáforo, acusando "perigo intrusão energética" quando a indicação estivesse no vermelho, "mais determinação" na amarela e "homeostase" na verde.

Teática. Na prática, a própria pontuação iria desenhando um gráfico de desempenho naquele dia, cujo acompanhamento motivava manter o patamar alcançado e identificar as situações que dificultavam a instalação do EV. A aplicação das elucubrações teóricas na prática viabilizou o alcance do primeiro objetivo (figura 7).

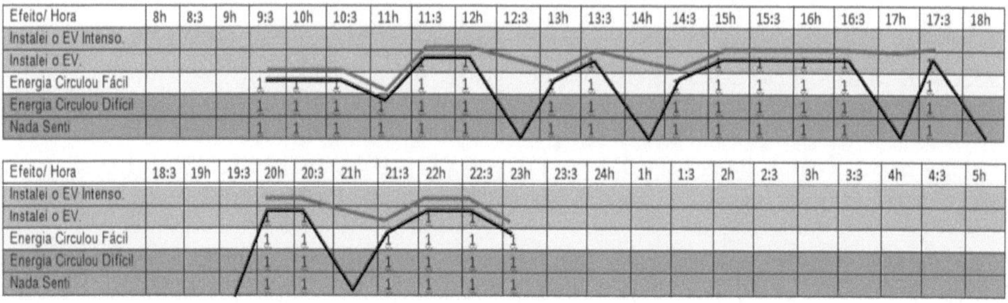

Figura 7 – Inclusão do horário após as 18h e transferência para o laptop pessoal.

Análise. As linhas gráficas apresentadas enfocam a análise sob dois aspectos quanto à linearidade: A linha vermelha não considera as vezes em que não houve a tentativa de instalar o EV, devido à ausência na mesa de trabalho durante o aviso. A linha preta considera tudo, inclusive as ausências.

Realidades. A análise posterior às práticas permitiu perceber essas 5 realidades:

1. **Dificuldade.** A dificuldade em executar 20 EVs diários no horário das 08h30min às 18h.

2. **Rapidez.** A rapidez com que os 30 minutos passam (intervalo entre um EV e outro).

3. **Dispersividade.** A facilidade com que me envolvi nas tarefas profissionais diárias, dispersando-me do objetivo da prática do EV.

4. **Digestão.** A dificuldade em mobilizar as energias e instalar o EV após o horário do almoço.

5. **Continuidade.** A necessidade de continuar os apontamentos após o horário de trabalho.

Resultados. A qualificação da pesquisa, resultado do autoinvestimento pessoal, motivou o aparecimento de 3 resultados no exercício de instalar os estados vibracionais, citados em ordem de ocorrência:

1. A instalação de EVs mais instantâneos pela simples ação da vontade.

2. A repetição periódica de estados vibracionais intensos.

3. O aumento do tempo de permanência em EV, a duração do estado vibracional.

Observações. Hoje, data-base dezembro de 2012, a marcação de "instalei o EV intenso" exige a manutenção desse estado pelo tempo de no mínimo 1 minuto. No meu atual estágio de experimentação, desapareceu a condição de "não senti nada".

Figura. Na figura 8, está indicado o momento no gráfico o qual representa, na média diária, um índice acima de 3 EVs quanto à intensidade, ou seja, necessários à extrapolação na instalação de EVs intensos.

Visualização Gráfica dos Dados II Período – Nov. 2009 - Mai. 2010.

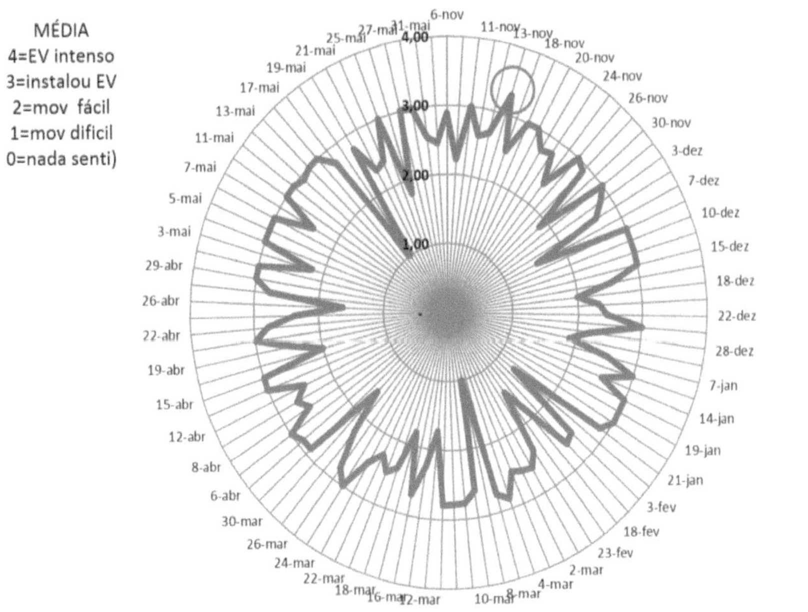

Figura 8 – Gráfico radar. Acompanhamento da média diária no período de 6 de novembro de 2009 a 31 de maio de 2010.

Tenepes. A maleabilidade energossomática, que o trabalho com as energias promoveu, repercutiu durante a prática da tenepes, facilitando o acoplamento e a assistência prestada junto ao amparador.

Abrangência. Ao vivenciar crises evolutivas, vale a autopesquisa enquanto ferramenta de superação. A abrangência dos resultados ultrapassa as expectativas quando qualificamos a interassistência multidimensional.

Desassédio. A instalação frequente do EV maximiza o desassédio, a blindagem da alcova e a potencialização das energias no restante do dia.

Fatuística (F.N.A.). *Perguntei em duas oportunidades distintas, durante o curso ECP2 (Extensão em Conscienciologia e Projeciologia 2), a respeito da percepção da pouca disponibilidade energética durante a tenepes: A primeira pergunta foi "como posso melhorar a tenepes?" sendo a resposta "você tem que fazer a sua Tarefa Pessoal Energética" invertendo a ordem dos termos Tarefa Energética Pessoal, salientando a necessidade do tenepessista fazer o seu trabalho energético durante o seu dia a dia. A segunda pergunta foi feita em outro ECP2, ocasião em que novamente estava percebendo pouca potência energética na tenepes. Ao questionar sobre as causas, indagando se havia algum problema somático ou doença incapacitante, foi respondido "você não está trabalhando as energias com a frequência necessária".*

O TENEPESSISTA, AO VIVENCIAR O EV ROTINEIRAMENTE, MANTÉM A HOMEOSTASE CONSCIENCIAL, A SOLTURA ENERGOSSOMÁTICA E A AUTODEFESA ENERGÉTICA, ASSENTANDO AS BASES PARA A FUTURA OFIEX.

Questionologia. Você, leitor ou leitora, percebe a influência das práticas continuadas do estado vibracional na tenepes? Emprega autoesforços máximos para manter as energias conscienciais em alto nível cosmoético?

SINERGISMO ECP2-TENEPES
(TENEPESSOLOGIA)

Definição. O *sinergismo ECP2-tenepes* é a interrelacão otimizadora existente entre a prática da Tenepes e o Curso Extensão em Conscienciologia e Projeciologia 2 - ECP2 da grade curricular do IIPC.

Sinonímia: 1. Potencialização mútua ECP2-tenepes. 2. Sinergia tarefa energética grupal-tarefa energética pessoal. 3. Cooperação ECP2-tenepes. 4. Interação positiva ECP2-tenepes. 5. Ação associada ECP2-tenepes.

Antonímia: 1. Antagonismo ECP2-tenepes. 2. Conflito ECP2-tenepes. 3. Incompatibilidade ECP2-tenepes. 4. Oposição ECP2-tenepes. 5. Contraposição ECP2-tenepes.

ECP2. O ECP2 é um curso de imersão, realizado em hotel durante 3 dias, em ambiente otimizado, visando a interassistencialidade avançada. Esse curso instala campos energéticos especializados a partir das energias do professor epicentro consciencial, propiciando maior aproximação entre as dimensões e atuando ao modo de uma tenepes grupal.

Aproximações. A seguir, relacionamos em ordem alfanumérica, 5 afinidades que aproximam o ECP2 da tenepes, percebidas pelos integrantes do GPC tenepes Porto Alegre que atuam também como voluntários da equipe do curso ECP2:

1. **Amparadores.** O ECP2 e a tenepes formam campo energético assistencial otimizado, o qual propicia a aproximação dos amparadores e o descortino da realidade multidimensional.

2. **Lista.** Durante a formação da turma do ECP2, é mantida uma lista com os nomes dos alunos interessados, confirmados e inscritos a qual é encaminhada para a tenepes do epicon do curso, visando

iniciar o processo assistencial. Essa lista é similar à lista dos nomes dos assistidos contida nos pedidos de tenepes.

3. **Pré-requisito.** Ser tenepessista é pré-requisito para trabalhar nas equipes executivas e de campo do ECP2, medida visando a qualificação do curso como um todo, principalmente quanto ao desassédio. Essa é uma norma do ECP2 que funciona ao modo de uma tenepes grupal.

4. **Repercussões.** Ao constar o nome na lista de interessados no curso e, mais acentuadamente, a partir: do posicionamento do aluno de que vai fazê-lo, da sua conexão com os amparadores e da inscrição, são percebidas pelos alunos e também pelos voluntários do ECP2, ocorrências e repercussões multidimensionais, as quais demonstram que as atividades assistenciais do curso ocorrem muito tempo antes da data do evento. Na tenepes, também ocorre uma intensificação da demanda assistencial, mesmo ao recebermos nomes dos assistidos.

5. **Similitude.** A experiência como doador de energias durante o campo interassistencial do curso é similar à prática da tenepes e pode servir como indicativo, para o pré-tenepessista ou iniciante, de como ocorre a doação energética.

Continuidade. Para o tenepessista, o trabalho iniciado no ECP2 pode ser estendido para a tenepes. O campo interassistencial do curso pode integrar-se ao campo dessa.

Convergências. A seguir, 19 convergências entre a tenepes e o ECP2:

01. **Ambiente.** A escolha e preparação do local exigem discernimento quanto à qualidade das energias, privacidade e segurança do ambiente.

02. **Assistidos.** Os assistidos apresentam diversos graus de patologias e parapatologias.

03. **Autoconhecimento.** A percepção das facetas da personalidade e a necessidade de reciclagens são evidenciadas.

04. **Cosmoética.** É preciso teática na qualificação do código pessoal de Cosmoética (CPC) sem a qual a assistência não acontece.

05. **Descanso.** É necessário estar descansado ao realizar ambas as atividades para ter maior eficácia interassistencial e aproveitamento da oportunidade cognitivo-evolutiva.

06. **Desperticidade.** Funcionam como preparação para a desperticidade.

07. **Epicentrismo.** Ocorre a condição de epicentro na tenepes e o epicentrismo de cada função exercida no ECP2.

08. **Evolutividade.** Os campos interassistenciais formados no ECP2 e na tenepes propiciam o contato com consciexes evoluídas.

09. **Grupalidade.** As atividades são desenvolvidas em equipe e a assistência é resultado da atividade grupal.

10. **Higidez.** É necessária higiene consciencial.

11. **Interassistencialidade.** Ocorre profunda relação interassistencial entre o assistente e o assistido.

12. **Ortopensenidade.** É necessária organização dos pensamentos buscando manter a pensenidade reta e cosmoética.

13. **Parapsiquismo.** O parapsiquismo assistencial é ampliado na vivência da atividade.

14. **Preparação.** Na preparação prévia, são essenciais a organização, disciplina e o detalhismo.

15. **Pressão.** Ocorrem acoplamentos indicando a condição da iscagem lúcida, percebidos antes das atividades, gerados pela pressão extrafísica pré-ECP2 e pré-tenepes.

16. **Qualificação.** Requerem domínio energético, EV, assim e desassim com qualificação constante e ininterrupta.

17. ***Rapport.*** Os pedidos de tenepes e o contato com os alunos do ECP2 envolvem *rapport* para que a assistência seja feita.

18. **Singularidade.** As experiências obtidas são singulares e relevantes, não devendo ser banalizadas.

19. **Sustentabilidade.** A manutenção do campo requer sustentabilidade pensênica e energética.

Interrelações. Eis, listados em ordem alfanumérica, 14 efeitos positivos do ECP2 na tenepes, percebidos durante a experiência do integrante F.N.A. do GPC Tenepes Porto Alegre:

01. **Alertas.** Recebimento de alertas conscienciais em data próxima ou durante o curso, indicando maior atenção a determinado fato, podendo ser de bases energéticas, somáticas ou psicológicas, visando o aproveitamento melhor do curso e ampliação da assistência.

02. **Assimilações.** Aumento das assimilações simpáticas exigindo a imediata desassim.

03. **Confirmações.** Confirmações de que a tenepes realmente estava ocorrendo e que havia amparador atuando nela. Essas foram obtidas durante o curso e nos dias seguintes ao ECP2 por meio de vivências interassistenciais junto com o amparador da tenepes, gerando, no tenepessista, maior confiança no trabalho realizado.

04. **Desassédio.** O tenepessista constatou desassédios com o rompimento de *links* energéticos, esclarecimento e encaminhamento de consciências necessitadas de assistência, melhorando a condição de todos os envolvidos.

05. **Ectoplasmia.** O incremento da ectoplasmia exigindo também maior atenção e cuidado nos deslocamentos, devido à possibilidade maior de acidentes de percurso imediatamente antes e depois do curso. A intensificação da ectoplasmia nos atendimentos gera paradoxalmente maior quantidade de energia e propensão à baixa lucidez e apagamentos durante a prática da tenepes.

06. **Guias cegos.** Consciexes amauróticas ligadas à tenepes pessoal ficaram expostas extrafisicamente durante o ECP2. Tais consciexes foram atendidas durante o curso e sua influência na tenepes foi interrompida.

07. **Interassistência.** Durante o campo do ECP2 foi percebido a integração entre os amparadores do curso e o amparador ligado à tenepes, formando espécie de uma rede interassistencial de auxílio mútuo e potencialização interassistencial.

08. **Intuições.** Muitas perguntas não verbalizadas foram respondidas por intuição pela equipe extrafísica. Ocorreram inspirações durante o curso que levaram o tenepessista à maior percepção da sua realidade assistencial.

09. **Melhorias.** Percebeu-se, antes e após o curso, na rotina diária, a intensificação energética e ampliação da sensibilidade parapsíquica.

10. **Pseudópodes.** Foi percebida a expansão do campo energético interassistencial do ECP2 antes, durante e depois do curso, inclusive em ambientes distantes, tais como estação rodoviária e a própria residência do tenepessista, esclarecendo e auxiliando-o nas reciclagens necessárias.

11. **Respostas.** Durante o curso ECP2, de acordo com a orientação extrafísica, pode ocorrer a possibilidade de abertura para perguntas. Questionamentos sobre a prática da tenepes feitas pelo integrante do GPC tenepes F.N.A. tiveram respostas as quais levaram a uma significativa melhoria na aplicação da prática.

12. **Sinalética.** O ECP2 é um curso propício para a percepção e a decodificação da sinalética energética parapsíquica pessoal, especialmente a sinalética da presença de consciexes entre elas o amparador da tenepes e os assistidos. Essa intensificação permaneceu após o curso.

13. **Sincronicidades.** Ocorrência de sincronicidades ligadas à tenepes e ao ECP2 levando o tenepessista a ficar mais atento à multidimensionalidade.

14. **Tenepes.** Verificou-se incremento da quantidade de pedidos e de atendimentos na tenepes, maior repercussão energética e somática pelo tenepessista ao ocorrer a aproximação do curso como se ocorresse uma confluência energética maior em direção ao tenepessista.

Fatuística (F.N.A.). *Tenepessista integrante do GPC Tenepes foi contratado nas duas semanas antes de curso ECP2 para trabalhar em uma região invadida, formando extensa favela em área urbana de Porto Alegre. Permaneceu durante três dias nessa comunidade. Ao chegar ao final de cada dia, tinha consciexes acopladas à sua psicosfera. Durante os de-*

bates do ECP2 foi citada nominalmente por outros membros do curso a favela visitada, sem que houvesse tocado no assunto. A região havia sido objeto de um pedido de tenepes havia 5 anos com grande repercussão entre os tenepessistas de Porto Alegre e depois de todo esse tempo houve a sincronicidade da contratação e ida do tenepessista "in loco" em vésperas de EPC2. O trabalho realizado visava a regularização e melhoria da região, promovendo maior qualidade de vida a seus moradores.

A SINERGIA ECP2-TENEPES AMPLIA A** INTERAÇÃO COM OS AMPARADORES **E A INTERASSISTENCIALIDADE AO TENEPESSISTA ABERTO ÀS RECICLAGENS INTRACONSCIENCIAIS E À MULTIDIMENSIONALIDADE.

Questionologia. Você, leitor ou leitora, procura pesquisar a realidade multidimensional da sua tenepes? Quais proveitos tem obtido com a participação em cursos de campo interassistenciais?

CAMPO ENERGÉTICO DA TENEPES
(TENEPESSOLOGIA)

Definição. O *campo energético da tenepes* é o ambiente multidimensional qualificado para a interassistencialidade criado pelo tenepessista com o amparador de função da tenepes, utilizando energias conscienciais qualificadas e imanentes.

Sinonímia: 1. Perímetro energético assistencial. 2. Fortaleza energética assistencial. 3. Ambiente pró reurbanizações. 4. Espaço de energias assistenciais. 5. Abrangência energética da tenepes. 6. Abrigo energético assistencial. 7. Âmbito da tenepes.

Antonímia: 1. Campo energético enfraquecido. 2. Campo energívoro-assediador. 3. Oratório. 4. Santuário. 5. Ambiente de guias amauróticos. 6. Âmbito de tacon. 7. Local de lavagens cerebrais.

Multidimensionalidade. A consciência, evoluindo na teática conscienciológica, passa a perceber melhor a existência de outras dimensões e a permanente interação destas com o intrafísico, compreendendo a existência de um campo de energias único, sutil, universal, sob constante influência de variações energéticas.

Potencial. A consciência aprende a conhecer, manejar e direcionar o seu potencial energético através da aplicação de práticas visando o domínio das energias.

Finalidade. O campo energético da tenepes é formado visando acolher e assistir às conscins projetadas e consciexes trazidas pelo amparador. O tenepessista coloca-se em passividade atenta e disponibiliza as energias conscienciais para o esclarecimento e suporte energético, otimizando o processo evolutivo dos envolvidos.

Características. O campo energético assistencial da tenepes constitui ambiente seguro, blindado pelas energias interassistenciais e utilizado pelo amparador para acolhimento, tares e interassistência. A seguir, são elencadas, em ordem alfanumérica, 10 características desse campo:

01. **Consciencial.** Promove o despertar consciencial de conscins e consciexes.

02. **Cosmoético.** Assiste de acordo com a efetiva necessidade do assistido, respeitando o seu nível evolutivo.

03. **Dinâmico.** Substitui as energias doentes e assediadoras transformando-as em energias positivas e sadias, em constante movimento.

04. **Ectoplásmico.** Utiliza energias densas visando a interassistencialidade avançada.

05. **Interconexão.** Forma uma interface que aproxima as dimensões intra e extrafísicas visando à otimização da interassistencialidade avançada.

06. **Espaço-tempo.** Leva energias assistenciais a indivíduos, grupos ou ambientes distantes, resultando em mudanças significativas no assistido e sua grupalidade. O campo manejado e direcionado pelo amparador ultrapassa o fator espaço-tempo, estendendo-se além do ambiente da tenepes.

07. **Multidimensional.** Promove durante a tenepes, contato ostensivo e intensificado do tenepessista com a multidimensionalidade, seu amparador e assistidos.

08. **Parapsiquismo.** Propicia o desenvolvimento e ampliação do parapsiquismo, da comunicabilidade interdimensional e da sinalética energética pessoal.

09. **Pesquisas.** Oportuniza autopesquisa e reciclagens intraconscienciais.

10. **Terapêutico.** Promove atendimentos terapêuticos e paracirúrgicos.

Variabilidade. Cada dupla tenepessista-amparador instala um tipo de campo, o qual pode variar de tenepes para tenepes. Esse campo está relacionado com a intencionalidade, cosmoética, pensenidade, interações durante o dia, profissão e condição energética do tenepessista naquele dia, bem como às necessidades das consciências a serem assistidas.

Otimização. Segundo as pesquisas realizadas entre os integrantes do GPC Tenepes de Porto Alegre, o campo assistencial da tenepes pode ser otimizado ao serem tomadas, por exemplo, as 10 atitudes, a seguir elencadas em ordem alfanumérica:

01. **Ativação.** Intensa ativação dos chacras, auxiliando o equilíbrio e sustentabilidade do campo energético.

02. **Desbloqueio.** Funcionamento energético desimpedido do tenepessista.

03. **Desintoxicação.** Assim e desassim qualificadas.

04. **Determinação.** Vontade decidida, esforço.

05. **Discernimento.** Vigilância e aumento da lucidez.

06. **E.V.** Domínio da instalação do estado vibracional, enquanto força organizadora, que dará condições para que o tenepessista potencialize o campo assistencial.

07. **Homeostase.** Equilíbrio emocional e energético.

08. **Ortopensenidade.** Predomínio de pensenes cosmoéticos. Linearidade autopensênica.

09. **Paraperceptibilidade.** Sensibilidade parapsíquica e percepção da sinalética energética.

10. **Passividade ativa.** Facilitadora do acoplamento com o amparador.

Fatuística 1 (M.H.R.C.) (2012). *Acordo às 4 horas e 45 minutos da madrugada. Preparo-me e subo para sala da tenepes. Dou uma volta pelo terraço, noite clara e fria, 7º C de temperatura. Fecho bem a cortina da porta de vidro, criando uma penumbra, acomodo-me na poltrona com manta branca, leve. São 5 horas. Inicio a MBE, buscando ativar as energias. Relaxo, fecho os olhos, busco acalmia pensênica até perceber o EV. Inicio a exteriorização de energias pelos palmochacras e umbilicochacra, aos poucos, ativando também o cardiochacra e o frontochacra. Começo a tenepes bem-disposta, com vontade. A partir da autopercepção de uma luz intensa e vibratória, instala-se um campo assistencial que parece ampliar o tamanho da sala. Sinto a presença do amparador da tenepes e também dos assistidos. No centro do campo, há uma concentração mais densa de energias, com intensa vibração de onde surgem consciexes que se aproximam e depois se afastam à direita e à esquerda. Sinto exteriorização de energias por todos os chacras, liberada através de fortes jatos. Parcialmente descoincidida, como em outras tenepes, não sinto o corpo físico. Após* *um longo tempo, a energia e a luminosidade começam a diminuir, faço MBE visando o EV. Vejo-me de novo na sala que parece retornar ao seu tamanho normal. São 6 horas e 10 minutos, sinto-me bem, não torno a dormir. Registros: a energia liberada em fortes jatos, o campo vibratório, equipe assistencial.*

Fatuística 2 (M.H.R.C.) (2014). *Quarto da tenepes. São 22 horas e 30 minutos, acomodo-me na poltrona, de olhos fechados começo a MBE e inicia-se a circulação de energias e o EV. Como de hábito, circulo as energias buscando intensidade, até perceber uma luz clara e intensa preencher o quarto, criando naquele momento uma psicosfera quente. Exteriorizo energias pelos palmochacras em movimentos firmes, mentalizando todos os chacras. Aos poucos sinto que estou exteriorizando também pelos demais chacras. As exteriorizações são contínuas, sinto o calor das energias. Permaneço concentrada na liberação de energias. Percebo que elas são direcionadas. A presença do amparador é sentida com fraternismo. De repente, surge na tela mental um senhor idoso, bem vestido, com bengala, logo outro senhor de barba e cabelos brancos, em seguida outro com uma cartola na mão. Conto ao todo seis consciexes. Percebo que estão todos mais aliviados. Vem a informação de que são membros de uma academia de pesquisa ou ciência muito antiga. Durante a tenepes, continua uma luz clara, mas não visualizo outras consciências. Permaneço por mais tempo exteriorizando energias intensas. Cessa o processo, sinto que a tenepes terminou e promovo a desassim auxiliada pelo amparador. São 23 horas e 40 minutos, 16 ºC. Registros: fraternismo, visualização de consciexes, sensação de calor nas energias.*

A INSTALAÇÃO DO *CAMPO* ***ENERGÉTICO*** *QUALIFICADO* ***VIABILIZA A*** *INTERASSISTÊNCIA AVANÇADA,* ***OTIMIZANDO AS*** *PARAPERCEPÇÕES* ***QUANTO À PRESENÇA DO AMPARADOR, DOS ASSISTIDOS E DO TRABALHO REALIZADO NA TENEPES.***

Questionologia. Você, leitor ou leitora, já desenvolveu um nível de parapsiquismo capaz de identificar diferentes campos de energia? Você já consegue perceber com lucidez a instalação do campo energético assistencial na tenepes?

ECTOPLASMIA NA TENEPES
(PARAFENOMENOLOGIA)

Definição. A *ectoplasmia na tenepes* é o parafenômeno da exteriorização das energias conscienciais densas, de natureza fisiológica, do tenepessista ectoplasta, para a instalação do campo energético e terapêutico interassistencial.

Sinonímia: 1. Fluido vital denso na tenepes. 2. Psicoplasmia na tenepes. 3. Ideoplasmia na tenepes. 4. Energia semifísica assistencial. 5. Tenepes avançada. 6. Ectoplastia na tenepes.

Antonímia: 1. Energia sutil na tenepes. 2. Ausência energética na tenepes. 3. Tenepes debilitada. 4. Defasagem energética do tenepessista.

Ectoplasma. O ectoplasma é uma substância amorfa, vaporosa, sutil, fluídica, que toma forma por influência de um campo organizador específico. De cor branco-acinzentado, vai desde a névoa transparente à forma tangível, de aspecto semelhante aos tecidos vivos, oferecendo sensação de viscosidade e frieza (MATTIEU, 1997, p. 29).

Composição. O ectoplasma é energia consciencial composta com elementos diferenciados. Na composição estrutural, foram encontrados leucócitos, células epiteliais, glóbulos de gordura, muco, características de matéria albuminoide. Pode o ectoplasma ser ósseo, muscular, neurológico ou dérmico. Na literatura, foram descritas combinações paraquímicas com água, minerais externos ao corpo humano, plantas e até tecidos dos trajes dos ectoplastas (MUNARI, 2008, p. 17).

Biologia. O ectoplasma é definido na Zoologia e Citologia como a camada periférica do citoplasma, que é o espaço intracelular entre a membrana plasmática e o núcleo da célula. O citoplasma é preenchido por uma camada coloidal denominada hialoplasma.

Percepções. São de grande importância o condicionamento energossomático e o conhecimento do tenepessista de suas capacidades energossomáticas, no momento do estabelecimento do campo assistencial instalado pelos amparadores para a tenepes. Por isso, é importante anotar e pesquisar cada detalhe partindo do histórico pessoal e fazer checagens periódicas da saúde holossomática. As sensações desconfortáveis não são, necessariamente, negativas, patológicas ou nosográficas.

Autopesquisa. Cada tenepessista deve fazer os registros das ocorrências durante a tenepes, e pela autopesquisa chegar às próprias conclusões. Algumas dores podem ser causadas pela ectoplasmia, outras são sintomas de doenças no soma do praticante, advindas de desbloqueios energéticos e ainda decorrentes da assimilação das energias da consciência assistida. Importa procurar eliminar dores decorrentes de má postura ou acomodação durante a prática

Matriz Consciencial. Os fluxos ectoplásticos advindos do tenepessista em sintonia com a energia consciencial do amparador, quando aplicados com cosmoética, atuam fazendo a transferência do padrão hígido do assistente para o assistido, promovendo seu equilíbrio holossomático.

Intermissividade. A ectoplasmia, ao constituir um potente holopensene energético assistencial, possibilita a prática da interassistencialidade avançada, ao modo da aprendida no Curso Intermissivo (CI).

Interação. A ectoplasmia na tenepes é o produto ou resultado da combinação parafisiológica e paraquímica do ectoplasma extraído de fontes humanas (conscins), como também de vegetais (fitoectoplasma), animais (zooectoplasma), e de elementos minerais (geoectoplasma) encontrados no ambiente.

Exteriorizações. A ocorrência de ectoplasmia na tenepes pressupõe exteriorizações mais vigorosas por parte do tenepessista, passividade, relaxamento maior e descoincidência ampla do psicossoma.

Extensão. A ectoplasmia na tenepes pode alcançar desde poucos metros de extensão, ficando adstrita ao local onde o tenepessista está posicionado, até abranger todo o ambiente ou cômodo onde é realizada a tenepes ou mesmo atingir distâncias maiores.

Aroma. O campo instalado pela ectoplasmia na tenepes pode exalar cheiro característico que faz lembrar o gás ozônio, tal fenômeno é denominado olorização.

Percepção. O ectoplasma é perceptível de várias maneiras, a exemplo dessas 4, a seguir, elencadas:

1. **Visível.** Consistência leitosa, que pode produzir materializações de consciexes por meio de estruturas humanoides.
2. **Invisível.** Consistência percebida pelo tato como uma espécie de teia de aranha muito fina e levemente pegajosa.
3. **Fluida.** Consistência viscosa, gelada.
4. **Sólida.** Consistência densa semelhante ao algodão com tonalidades variando entre o esbranquiçado e o acinzentado.

Sensações. Eis 20 sensações e efeitos da ectoplasmia percebidos pelos tenepessistas do GPC tenepes listados em ordem alfanumérica:

01. **Aragem.** Aragem refrescante, percepção de frio, calafrio.
02. **Bocejo.** Movimentação corporal involuntária na qual ocorre a abertura da boca e inalação de uma grande quantidade de ar.
03. **Coceiras.** Sensação de teia de aranha no rosto promovendo coceira.
04. **Contatos.** Sensação de toques específicos localizados no corpo.
05. **Densificação.** Exteriorização de energias densas.
06. **Descoincidência.** Aumento da descoincidência holossomática vígil.
07. **Desconforto.** Desconforto nos membros inferiores.
08. **Desmaterialização.** Sensação do desaparecimento de partes do soma.
09. **Entorpecimento.** Torpor que vai dominando o corpo físico.
10. **Garganta.** Sensação de irritação ou obstrução na garganta.
11. **Lacrimejamento.** Lágrimas em apenas um dos olhos ou em ambos.
12. **Obnubilação.** Perda de lucidez.
13. **Olorização.** Odores de origem extrafísica.

14. **Parestesia.** Sensações cutâneas subjetivas tais como formigamento.

15. **Recomposição.** Restabelecimento energético do tenepessista.

16. **Respiração ofegante.** Respiração acelerada.

17. **Saída.** Exteriorização de ectoplasma por diversos orifícios do corpo.

18. **Sensibilidade.** Aumento da sensibilidade.

19. **Sonolência.** Sensação de sono intenso e irresistível.

20. **Tosse.** Reflexo da sensação de obstrução na garganta.

Fenômenos. A seguir 13 fenômenos relacionados à ectoplasmia elencados em ordem alfanumérica:

01. **Adultidade.** Possibilita a consciex de paravisual infantil a retomada da adultidade extrafísica.

02. **Balonamento.** Sensação de expansão e soltura energossomática

03. **Blindagem.** Encapsulamentos parassanitários.

04. **Consciência dupla.** Percepção de mais de uma realidade simultaneamente.

05. **Desassédio.** Desintrusão pensênica.

06. **Dessomática.** Auxílio à segunda dessoma.

07. **Estalidos.** *Raps*, psicocinesias.

08. **Lucidez.** Despertar consciencial.

09. **Materializações.** Materializações parciais.

10. **Paracicatrizações.** Reposição extrafísica de porções do psicossoma lesadas.

11. **Paracirurgias.** Intervenções paracirúrgicas.

12. **Para-assepsia.** Eliminação de paracontaminantes.

13. **Remissão.** Cura de deformidades extrafísicas.

Utilidades. A manipulação do ectoplasma na tenepes é utilizada pelo amparador de função para fins assistenciais, assepsia energética do ambiente físico e extrafísico, reequilíbrio da psicosfera e do holopensene das conscins e consciexes.

Neuroectoplasma. Quanto mais o tenepessista se refina intelectualmente, passa a ter mais ectoplasma neurológico e ele vai doar esse ectoplasma para reparar o paracérebro das consciências atendidas.

Neuroectoplasmia. Segundo Vieira (2014, p.1140), o sono da conscin tenepessista, após as práticas da tenepes, pode ser provocado pela assistência assentada na neuroectoplasmia.

Projetabilidade. A doação energética diária diminui o lastreamento provocado pelo ectoplasma nas experiências extracorpóreas e propicia a projeção lúcida para a assistência a consciexes carentes e enfermas. Esse parafato se deve a que o psicossoma quando carregado de energias densas, restringe a lucidez extrafísica (VIEIRA, 1999, p. 260).

Ectoplastia. De acordo com a Conscienciopédia, a ectoplastia é a habilidade parapsíquica de manejar autoconscientemente o fenômeno da ectoplasmia. Todo tenepessista pode chegar a dominar a ectoplastia, por meio, por exemplo, do estado vibracional e de pensenizações sadias. A melhor forma para desenvolver a ectoplastia é a prática da tenepes, alicerçada em recins constantes, que vai predispor à manutenção do campo interassistencial.

Homeostase. O tenepessista pode desenvolver, pela ectoplastia, maior tara parapsíquica, ou seja, capacidade de suportar a pressão extrafísica sem gerar perturbações, conquistando um patamar de homeostase holossomática, que, aliada à conduta cosmoética, cria a refratariedade natural e imunidade às energias conscienciais patológicas.

Sinergismo. O melhor aproveitamento do ectoplasma disponível ocorre quando há intensificação da sintonia pensência entre o tenepessista e o amparador, qualificando a doação energética e a interassistência.

Macrossoma. Em razão do completismo existencial, a consciência pode receber na próxima ressoma um corpo adaptado à proéxis (macrossoma). Entre suas possíveis características se encontram o sistema imunológico qualificado, a excelente memória, a projetabilidade lúcida e a predisposição à ectoplasmia.

Blindagem. No isolamento realizado pelo amparador de função na tenepes, o ectoplasma aparece como a matéria-prima utilizada para constituir a blindagem do campo onde ocorre a tenepes. Esse recurso garante a assistência em alto nível.

Desenvolvimento. O trabalho contínuo com o estado vibracional, as exteriorizações de energias, a prática das técnicas do acoplamento áurico e da clarividência facial são facilitadores da exteriorização lúcida de ectoplasma.

Fatuística 1 (F.N.A.). *"Iniciei a tenepes e os fluxos energéticos estavam intensos. Em seguida, começou a sensação de escorrimento de líquido pelo nariz e ouvidos. Havia também coceiras, sensação de teia de aranha no rosto e desconforto nas pernas chegando a produzir câimbras. Os fluxos energéticos seguiram intensos durante toda a prática e havia a sensação da possibilidade de semimaterialização das consciexes presentes. A ideia presente era de que seria realizada paracirurgia. Percebi estalos físicos no ambiente e ao fazer o registro da vivência foi anotada tenepes com forte ectoplasmia".*

Fatuística 2 (I.R.S.). *"Um pouco antes da tenepes, vi-me projetada em ambiente extrafísico no qual havia muitas consciexes. Percebi que ocorreria assistência. Aproximei e perguntei-me se seria capaz de produzir efeitos físicos através de energias interassistenciais mais densas. Olhando minhas paramãos, percebi a saída de jatos de energia produzindo som de chiado (efeito físico) indo em direção às consciexes".*

A** DOAÇÃO ENERGÉTICA **ALIADA À SINTONIA** ORTOPENSÊNICA **DO TENEPESSISTA E DO AMPARADOR** QUALIFICAM **A ECTOPLASMIA MATERIALIZANDO O MELHOR PARA TODOS NO PROCESSO INTERASSISTENCIAL.

Questionologia. Você, leitor ou leitora, já percebe a formação do ectoplasma durante a tenepes? Busca aperfeiçoar a interassistencialidade através do domínio da ectoplastia?

ISCA INTERASSISTENCIAL LÚCIDA
(ASSISTENCIOLOGIA)

Definição. A *isca interassistencial lúcida* é a conscin, homem ou mulher, que atua vinculada ao maximecanismo assistencial enquanto atrator e acoplador consciente de consciências intra e extrafísicas, carentes ou enfermas, necessitadas de assistência, retendo-as em sua psicosfera até o momento assistencial oportuno.

Sinonímia: 1. Assistente chamariz. 2. Consciência atrativa assistencial. 3. Imã assistencial. 4. Epicentro assistencial. 5. Arrimo interassistencial lúcido. 6. Iscagem desassediadora.

Antonímia: 1. Isca inconsciente. 2. Conscin acopladora robotizada, obnubilada. 3. Conscin assediada. 4. Conscin inerte assistencialmente. 5. Conscin indisponível. 6. Conscin sectária.

Assimilações. Nossos sistemas energéticos são permeáveis e estamos a todo o momento doando e recebendo energias tanto do ambiente que nos cerca como das consciências com as quais interagimos.

Acoplamentos. Essas assimilações podem-se intensificar, gerando acoplamentos energéticos com interações energéticas e pensênicas mais profundas.

Iscagem. As iscagens interassistenciais lúcidas ocorrem quando há a percepção dos acoplamentos com consciências enfermas e tal evento é transformado em oportunidade assistencial.

Assistência. Viemos à vida humana para assistirmos uns aos outros. Nossas necessidades assistenciais já resolvidas são vínculos que nos aproximam das consciências que ainda necessitam de auxílio para superar as suas necessidades.

Oportunidade. Essas mesmas consciências para as quais nos é dado a oportunidade de funcionar ao modo de isca assistencial, não raramente "são aquelas às quais prejudicamos no passado" e mantemos débitos, necessitando ajustes dentro do processo das liberações das interprisões grupocármicas.

Carência. No nível evolutivo em que se encontra nosso planeta atualmente, ano base 2015, a quantidade de consciências necessitadas de assistência é muito maior do que a quantidade de consciências dispostas a assistir.

Percepção. A iscagem interconsciencial pode ser consciente quando a conscin percebe com lucidez o processo de assimilação e acoplamento, ou inconsciente quando não o distingue.

Sensações. A iscagem interconsciencial inconsciente pode gerar sensações na conscin iguais a estas 14 listadas em ordem alfanumérica:

01. **Aflição.** Preocupação, ansiedade repentina sem motivo aparente.

02. **Ataque extrafísico.** Sensação de ser alvo de ataques por consciexes.

03. **Cefaleia.** Dor de cabeça que surge instantaneamente.

04. **Desânimo.** Prostração, desmotivação repentina.

05. **Dor na nuca.** Conexão nucochacral com consciências patológicas.

06. **Drenagem energética.** Esvaimento e baixa na energia consciencial.

07. **Inquietude.** Agitação e dificuldade de concentração.

08. **Insegurança.** Sensação de perigo iminente.

09. **Irritação.** Repentina com manifestação exterior ou reprimida.

10. **Medo.** Temor, sensação de perseguição.

11. **Obnubilação.** Baixa da lucidez.

12. **Sono.** Sonolência irresistível, repentina e sem causa aparente.

13. **Taquicardia.** Alteração no batimento cardíaco sem causa física.

14. **Vitimização.** Exagero, ênfase na dramatização.

Origens. A seguir, listamos em ordem alfanumérica 20 situações ou locais *favorecedores* de iscagens conscienciais tanto conscientes como inconscientes:

01. **Abatedouros.** Matança de animais subumanos.

02. **Abordagens.** Contato interpessoal direto.

03. **Ambiente profissional.** Reuniões de trabalho, contato com colegas.

04. **Bares e restaurantes.** Confraternizações, reuniões de família, encontros.

05. **Brechós.** Roupas e utensílios usados.

06. **Cassinos.** Jogos de azar, vícios.

07. **Cemitérios.** Perturbação emocional ligada à dessoma.

08. **Cinema.** Especialmente filmes de terror, guerras, dramas, artes marciais.

09. **Concerto.** Cada música evoca determinado holopensene, tais como sexualidade, melancolia.

10. **Esportes.** Jogos de futebol, automobilismo, competições, esportes radicais.

11. **Hospitais.** Contato com enfermos.

12. **Manifestações públicas.** Tanto político como artísticas.

13. **Museus.** Museus de cera, de automóveis, de antiguidades em geral.

14. **Religiões.** Igrejas, sinagogas, templos.

15. **Sala de aula.** Alunos, professores, colegas.

16. **Sebos.** Lojas de livros usados.

17. **Shopping.** Holopensene consumista.

18. **Sintonia.** Afinidades pensênicas.

19. **Teatro.** Dramatizações com possíveis ocorrências de semipossessões artísticas.

20. **Web.** Páginas da internet, Youtube, Facebook, redes sociais.

Objetos. A seguir, listamos em ordem alfanumérica, ao modo de exemplo, 10 objetos favorecedores de iscagens interconscienciais tanto conscientes como inconscientes:

01. **Amuletos.** Cristais, incensos.

02. **Bagulhos.** Bagulhos energéticos tais como armas, quadros, estátuas, móveis antigos, bebida.

03. **Correspondência.** Contato via carta ou e-mail.

04. **Fotos.** Álbum de fotografias com fortes emoções.

05. **Games.** Evocações da matança e competição.

06. **Livros.** Com o autor e com consciências afins às ideias ali contidas.

07. **Quadros.** Pinturas sobre a escravidão e sofrimento humano.

08. **Rádio ou TV.** Novelas, *talk shows*, entrevistas, jornais eletrônicos.

09. **Roupas.** Usadas, doadas ou adquiridas em brechós.

10. **Telefone.** Conversas a distância, porém energeticamente presentes.

Diferenciação. As percepções de pensenes e sensações em nossa psicosfera sugerem a dúvida inicial, se são nossas ou oriundas de consciexes. Ao aprofundarmos nossa reflexão, inicia-se a ampliação da lucidez.

Iscagem. A iscagem, quando assistencial e lúcida, pode apresentar características ao modo destas 12 listadas em ordem alfanumérica:

01. **Acolhimento.** Recepção da consciência a ser ajudada com intencionalidade assistencial.

02. **Disponibilidade.** Disponibilidade pessoal para assistências extras faz com que os amparadores tragam cada vez mais consciências para serem assistidas.

03. **Emergencial.** Atuação como isca assistencial lúcida de maneira eventual, condição em que os amparadores farão o encaminhamento à consciência que está retida na sua psicosfera. É a condição da consciência disponível no momento da emergência assistencial.

04. **Encaminhamento.** Por parte dos amparadores, seja para comunidade extrafísica, local de transição ou mesmo transmigração.

05. **Estado vibracional.** A condição de isca interconsciencial assistencial consciente pode ser considerada um efeito sadio do estado vibracional. O domínio das energias é condição básica para a assistencialidade avançada.

06. **Maximecanismo.** Vinculação consciente ao mecanismo interassistencial multidimensional possibilita formas de assistência eficaz às consciências iscadas.

07. **Orientação.** Por parte do exemplarismo das energias teáticas do assistente ou diretamente pelos amparadores.

08. **Ortopensenidade.** A manutenção de um padrão pensênico hígido possibilita suportar a pressão da pensenidade patológica da consciex enferma iscada.

09. **Psicosfera-medicamento.** O campo energético pessoal homeostático funciona ao modo de atrator, medicamento ou fôrma curativa às consciências necessitadas.

10. **Sinalética.** Sinalética energética, parapsíquica e pessoal, identificada e aplicada ao modo de comunicação lúcida com a multidimensionalidade e reconhecimento da iscagem.

11. **Descoincidência.** A prática de exercícios bioenergéticos, as instalações frequentes do estado vibracional ocasionam os desbloqueios energéticos e a soltura sadia do holochacra, ampliando as possibilidades interassistenciais pela melhoria na percepção das iscagens.

12. **Tenepessismo.** Com a evolução dos trabalhos assistenciais do tenepessista, ele, cada vez mais, assume a condição de isca assistencial lúcida. Condição na qual as consciências serão encaminhadas para a tenepes ou mesmo atendidas antes desta.

Duração. A duração do processo da iscagem interconsciencial pode variar de alguns instantes até mesmo dias, dependendo da necessidade do assistido.

Mergulho. Ao mergulhar nas energias sadias do assistente, a consciex experimenta, por alguns instantes, sensações de lucidez e bem-estar que sente pela primeira vez ou há muito tempo não sentia.

Esse é o momento em que o assistente experimenta o desconforto do assistido pelo aprofundamento do acoplamento e que pode ser possibilitado o esclarecimento e o encaminhamento por parte do amparador.

Reurbanização. O assistente lúcido funciona ao modo de minipeça no maximecanismo das reurbanizações extrafísicas, auxiliando na assistência às consréus.

Consréus. As consréus constituem o maior público para interassistência por meio da iscagem interconsciencial lúcida. A nossa condição de ex-consréus funciona ao modo de chamariz para essas consciências.

Intermissão. A consciência ressomada que participou de curso intermissivo no exercício lúcido do seu parapsiquismo tende a assumir o padrão natural de isca em processos de heterodesassédio, em confronto com a consciência sem curso intermissivo que tende ao autoassédio (VIEIRA, 2003, p. 191).

Capacidade. As pessoas em geral têm capacidade limitada de assistir às consciexes e conscins carentes de assistência. Os cuidados com o soma, o domínio das energias, o equilíbrio emocional e os pensamentos hígidos darão à conscin qualificação e maior suportabilidade assistencial.

Mega-assédio. *"No mega-assédio, a condição mais importante é suportar a pressão da pensenidade da consciex assistida, notadamente nos casos onde a consciex julga estar defendendo a ideia mais justa, prioritária e avançada"* (VIEIRA, 2003, p. 239).

Holopensene. A consciex assediadora muitas vezes tem um padrão tóxico de energias, as quais o pré-serenão vulgar, homem ou mulher, em geral, não tem capacidade de suportar sem se intoxicar. O materpensene assistencial dentro do holopensene pessoal amplia a capacidade de resiliência a estas energias.

Mitridatismo. Com o acúmulo de experiências, a conscin assistente vai adquirindo maior resistência às energias, aumentando seu suporte assistencial.

Fraternismo. Ao percebermos as ideias e intenções desequilibradas da consciência em nossa psicosfera e mantendo-nos equilibrados sem nos perturbarmos, podemos atuar de forma fraterna, auxiliando aquela consciência a perceber modos mais evoluídos e fraternos de manifestação.

Evolutividade. O pré-serenão vulgar geralmente funciona como isca assistencial inconsciente, ajudando sem perceber e em nível precário, eventual, enquanto as consciências mais evoluídas atuam de forma consciente com uma quantidade maior e mais diversificada de consciexes.

Isca. *"A tendência evolutiva é tornar cada conscin assistente interconsciencial, isca autoconsciente em favor da ajuda aos parapsicóticos pós-dessomáticos, incluindo as consciências extrafísicas reurbanizadas, e também as ressomadas, por intermédio de trabalhos de desassédio frequente, na condição voluntária de rotina diuturna, útil, a caminho das pararrotinas"* (VIEIRA, 2003, p. 239).

Encaminhamento. Os cursos de campo interassistenciais, a prática da tenepes diária e mais adiante a ofiex, possibilitam as condições ideais para o encaminhamento assistencial das iscagens interconscienciais de maneira profissional.

Desconexões. As consciências apresentam conexões energéticas e pensênicas (*links*) umas com as outras, na condição da afinidade. A condição da iscagem lúcida assistencial ao afastar temporariamente a consciex perturbada da conscin à qual ela está ligada, permite aos amparadores o corte das conexões patológicas por meio do trinômio acolhimento-esclarecimento-encaminhamento.

Paracirurgia. Em nível mais profundo, a paracirurgia pode ser o destino assistencial das iscagens, em que as consciências iscadas serão atendidas pelos amparadores e pelos assistentes por intermédio das energias, especialmente da ectoplasmia.

Rapport. O *rapport,* ou empatia, é o elemento indispensável no processo assistencial. Sem ele, fica muito difícil para os amparadores acessarem aquele grupo específico de consciências necessitadas de assistência.

Evolução. A evolução interassistencial, passando da condição de isca inconsciente para isca interassistencial lúcida, assumindo o epicentrismo consciencial, o tenepessismo, rumo à desperticidade e ao ofiexismo é factível a toda consciência.

Bloqueios. A conscin na condição de isca assistencial inconsciente possui bloqueios corticais, enquanto a conscin funcionando ao modo de assistente lúcido já consegue expressar a conexão mentalsoma-energossoma de modo mais evoluído.

Isca. Ao assumir a condição pessoal de arrimo interconsciencial assistencial, dentro do processo evolutivo, a conscin sinaliza a capacidade de suporte e amparo para consciências carentes, o que ampliará a possibilidade de atuação como isca assistencial lúcida.

Arrimo. *"A conscin, por meio da tenepes, torna-se um arrimo assistencial, fornecendo sua psicosfera como leito aconchegante para alívio dos conflitos emocionais das consciências assistidas"* (LEITE, 2004, p. 50).

Evolução. *"A evolução da consciência, quando arrimo interconsciencial assistencial, em direção à condição de teleguiado acompanha o desenvolvimento do sentimento de fraternidade e a compreensão da necessidade de assim proceder, não apenas pela busca do ato de sentir-se melhor, mas pelo dever de ser cosmoético"* (VIEIRA, 2003, p. 239).

Indisponibilidade. A indisponibilidade pessoal do tenepessista para assistências extras, fora do horário da tenepes, pode ter como consequência a diminuição e cessação da atuação como isca assistencial lúcida e até mesmo estagnação assistencial.

Ofiex. Para o tenepessista veterano, a ampliação da iscagem lúcida pode levar à ofiex ou oficina extrafísica. O tenepessista, com ofiex, é a conscin especializada nos trabalhos assistenciais na condição de porta-assistidos extrafísicos.

Fatuística 1 (F.N.A.). *Ao conversar com conscin amiga que havia sido reprovada em prova prática de exame de direção, senti imediatamente o acoplamento com consciex ligada à reprovação da aluna, a qual foi iscada e retirada da sua psicosfera, o que trouxe alívio instantâneo para a conscin. A consciex no final do dia foi assistida na tenepes e encaminhada.*

Fatuística 2 (F.N.A.). *Ao conversar com moça que tinha crises de choro em horário fixo, acoplei com consciex, familiar dela, que foi iscada e encaminhada posteriormente para a tenepes. Após, confirmei que a mesma não teve mais as crises.*

ASSUMIR A CONDIÇÃO EVOLUÍDA DE ISCA ASSISTENCIAL LÚCIDA VINCULADA AO MAXIMECANISMO, É CONQUISTA *FACTÍVEL* ***A TODA*** *CONSCIÊNCIA MOTIVADA* ***À INTERASSISTENCIALIDADE AVANÇADA.***

Questionologia. Você, leitor ou leitora, sustenta uma pensenidade sadia quando está atuando como isca extrafísica? Procura fazer assimilação com outra pessoa para antecipar a demanda assistencial?

PSEUDOTENEPES
(PARAPATOLOGIA)

Definição. A *pseudotenepes* é o simulacro da tarefa energética pessoal, de caráter precário, pautada segundo interesses egoicos, assistida por consciex inexperiente, anticosmoética e sem tecnicidade, atuando desvinculada do maximecanismo interassistencial, não podendo ser considerada como tenepes.

Sinonímia: 1. Atuação com guia extrafísico cego, consciex energívora. 2. Assistência mística; religiosa; tendenciosa. 3. Tarefa energética assediadora. 4. Assistência sem fundamento. 5. Imitação da tenepes. 6. Assistência egocêntrica. 7. Manipulação consciencial.

Antonímia: 1. Tenepes. 2. Assistência com técnico extrafísico. 3. Assistência cosmoética, lúcida. 4. Assistência sem preconceito. 5. Tarefa energética desassediadora. 6. Assistência universalista. 7. Assistência imparcial.

Precariedade. A *pseudotenepes* é atuação precária com guia amaurótico ou assediador, em que o amparador ainda não encontra espaço para trabalhar junto com o candidato a tenepessista por alguma falha no processo cosmoético desse. O guia amaurótico é consciência contrária à autopesquisa por excelência. *O pior cego é aquele que não quer ver.*

Exemplologia. Eis, a seguir, elencados, em ordem alfanumérica, 10 perfis de consciexes que podem atuar enquanto desorientadores da tenepes, podendo pertencer a mais de um grupo:

01. **Amiga.** Consciex conhecida de longa data, afim, que pode atuar sem discernimento.

02. **Assediadora.** Vinculada a *brechas* conscientes ou inconscientes na pensenidade do tenepessista.

03. **Atécnica.** Avessa aos procedimentos técnicos, atuando dentro da lei do menor esforço e do *jeitinho.*

04. **Energívora.** Consciex energívora que pode atuar diretamente ou indiretamente em consórcio com o guia desorientador devido à deficiente blindagem energética.

05. **Líder.** Guia extrafísico exercendo liderança anticosmoética.

06. **Mística.** Atuando de maneira mística, fomentando uso de músicas, incensos, cristais e muletas diversas.

07. **Parente.** Familiar sem lucidez e discernimento, agora na condição de consciex, atuando junto ao tenepessista.

08. **Religiosa.** Ligada a grupo religioso.

09. **Satélite.** Atuando siderada a megassediador extrafísico.

10. **Sectária.** Lavadora de cérebros dentro de doutrina fossilizadora.

Causas. Eis a seguir, listadas em ordem alfanumérica, 15 razões para candidatos a tenepessistas não disporem de amparador extrafísico, vivendo ainda sob a influência de desorientadores extrafísicos:

01. **Antiuniversalismo.** Manter posturas sectárias.

02. **Assedialidade.** Manter auto e heteroassédio.

03. **Carência.** Apresentar carências dificultadoras da manutenção da higidez pensênica.

04. **Desconhecimento.** Ignorar as informações sobre a tenepes.

05. **Desorganização.** Cultivar hábitos de desorganização pessoal e ambiental.

06. **Desproteção.** Não aplicar a autodefesa energética por meio do estado vibracional.

07. **Egocentrismo.** Sustentar o egocentrismo com ausência de foco no assistido.

08. **Estagnação.** Cultivar autoculpas e a ausência de reciclagens.

09. **Evocações.** Manter rotineiramente pensenes conscientes ou inconscientes, relembrando pessoas ou situações patológicas.

10. **Grupocármica.** Evitar reconciliações grupocármicas.

11. **Intencionalidade.** Manter intenção patológica ao assistir, buscando haurir vantagens, parcialidade.

12. **Misticismo.** Cultuar imagens, músicas, objetos esotéricos, incensos, cristais e talismãs mantendo postura mística.

13. **Murista.** Posicionar-se de modo anticosmoético.

14. **Pensênica.** Pensar mal dos outros, patopensenizar com frequência.

15. **Religiosidade.** Manter postura religiosa, altar, água benta, bíblias, estátuas, imagens e símbolos religiosos.

Grupocarmalogia. Nas relações interpessoais, existem condições favoráveis para ajustar as contas pendentes derivadas de erros no passado. É inteligente aproveitar as oportunidades, reconciliar e limpar os rastros antievolutivos em função do princípio da inseparabilidade grupocármica. Essas reconciliações abrirão espaço para a atuação policármica junto com amparador.

Identificação. A seguir, elencados, em ordem alfanumérica, eis 16 itens a serem analisados, visando discernir a presença de guia amaurótico ou amparador junto ao tenepessista:

01. **Autonomia.** Evolução do nível de autonomia pessoal.

02. **Autopromoção.** Níveis de autopromoção e anonimato.

03. **Blindagem.** Nível da blindagem energética da base física.

04. **Capacitação.** Qualificação em cursos de campo assistencial e sobre tenepes.

05. **Desmistificação.** Existência ou não de gurulatria.

06. **Desassédio.** Evolução da capacidade de desassédio e desassim.

07. **Discernimento.** Respeito à capacidade assistencial do tenepessista.

08. **Energias.** Condição energética pós-tenepes.

09. **Entropia.** Nível da entropia circundante.

10. **Evocações.** Nível de evocações e comportamentos.

11. **Grupocarmalidade.** Qualidade das relações interpessoais.

12. **Parapsiquismo.** Evolução do parapsiquismo.

13. **Pensenidade.** Análise do materpensene da consciex que está auxiliando.

14. **Reciclagens.** Nível de autopesquisa e reciclagens.

15. **Respeito.** Respeito ao nível evolutivo do assistido e do assistente.

16. **Resultados.** Análise dos resultados assistenciais.

Meritocracia. *"A consciência pré-serenona vulgar, não dispõe, nesta e nem noutras dimensões conscienciais, de méritos pessoais capazes de manter o amparador extrafísico"* (VIEIRA, 2003, p. 760).

Avaliação. Para consolidar a tenepes, o ideal é investir na autopesquisa, autorreciclagens e automotivação para qualificar a prática considerando as próprias experiências. Manter uma postura de autocrítica. Você pode avaliar se a sua prática está se consolidando, analisando se houve melhoras e evolução, principalmente em dois aspectos: no parapsiquismo e na maturidade. Outra forma de avaliar a tenepes e a qualidade da assistência prestada é pelo retorno recebido e pelo acompanhamento da situação das consciências assistidas quando possível.

Indicadores. Os resultados obtidos através da observação ou *feedbacks* recebidos sobre as consciências atendidas na tenepes é um dos indicadores sobre o amparo atuante junto ao tenepessista. Outro indicador pode ser o próprio estado psicofisiológico do tenepessista *ao término de sua tarefa diária*: ressacas energéticas, adormecer na tenepes, dores de cabeça, quando esses sintomas são observados de modo rotineiro, não indicam a atuação de amparadores nas tarefas de assistência. Ao contrário, bem-estar, lucidez e energizações espontâneas estão entre as sensações patrocinadas pelos amparadores, *após o trabalho assistencial.*

Técnico. O amparador é técnico, cosmoético, não passional e imparcial. O tenepessista deve verificar o seu nível de evocações e comportamentos, tais como universalismo e respeito ao livre-arbítrio. A preferência pela tacon em vez da tares e patopensenizar a respeito de alguma consciência afasta o amparador e aproxima os guias amauróticos.

Profilaxia. A seguir, listadas, em ordem alfanumérica, eis 10 medidas profiláticas à pseudotenepes.

01. **Altruísmo.** Fraternismo vivenciado.

02. **Cosmoética.** Construção e vivência do Código Pessoal de Cosmoética (CPC).

03. **Intencionalidade.** Intencionalidade assistencial.

04. **Lucidez.** Interassistencialidade lúcida.

05. **Flexibilidade.** Desenvolvimento energético visando um melhor domínio das energias, do estado vibracional e maior flexibilidade energossomática.

06. **Ortopensenidade.** Dessacralização e deslavagens cerebrais.

07. **Otimização.** Descarte de bagulhos energéticos.

08. **Recins.** Reciclagens constantes.

09. **Reconciliações.** Reconciliações grupocármicas.

10. **Universalismo.** Universalismo vivenciado.

Fatuística (F.W.D.). *Assistência a guia amaurótico. Tenepes dos dias 23 e 24/12/2009, feitas na casa de familiares, devido à reunião para comemoração do Natal: Durante a tenepes do dia 23 percebi por clariaudiência a informação "amanhã virá o primeiro guia amaurótico a ser assistido". Durante a tenepes do dia 24, senti que os fluxos de exteriorização começaram bem curtos e espaçados, praticamente não saindo quase energia. Pareceu-me no início que não estava havendo atendimento. Tive a ideia na hora de ser uma blindagem do quarto, mas foi conclusão minha. Nesse momento, tive mioclonia no joelho esquerdo, que durou uns 20 segundos, intensificando em seguida os fluxos energéticos e iniciaram-se os atendimentos. Os fluxos foram se intensificando e percebi uma voz feminina querendo auxiliar na exteriorização. Estranhei sua energia. Pelo visual extrafísico, pareceu ser uma consciex ligada à tacon, cujo nome escutei e não conhecia; a consciex não era técnica. Posicionei-me que não precisava de ajuda, mas se ela quisesse ser assistida poderia ficar. Fui* *firme, queria trabalhar com amparador técnico. Essa pareceu ser uma consciex guia amaurótico, realmente querendo ajudar, mas sem condições técnicas. Em princípio, parecia ser uma ex-parente, depois uma ex-colega de uma parenta que exerce atividades de tacon; mais tarde notei que os fluxos se potencializaram e o tempo inteiro senti a presença do amparador, aumentando a descoincidência; ao final, os fluxos de energia que estavam direcionados para a minha frente (onde havia consciexes) e depois à minha direita, foram diminuindo, até que percebi um balonamento do energossoma e os fluxos cessaram. Depois da tenepes conversei com o familiar na festa de Natal e discretamente perguntei se conhecia a ex-colega do trabalho assistencial que ela faz; respondeu que sim e que essa colega foi a presidente da instituição por 15 anos, porém faz tempo que deixou o cargo.*

***Ao fazer as** RECINS **necessárias, o tenepessista assiste aos guias amauróticos, restabelece a afinidade pensênica com o amparador e** RETOMA **as atividades assistenciais em** ALTO NÍVEL.*

Questionologia. Você, leitor ou leitora, ainda pensa mal de alguém? Mantém atualizado e em prática o seu Código Pessoal de Cosmoética?

AMPARADOR DA TENEPES
(INTERASSISTENCIOLOGIA)

Definição. O *amparador da tenepes* é a consciex assistencial técnica, cosmoética, parceira da conscin doadora de energias sadias com a qual tem afinidade, atuando dentro de um maximecanismo assistencial vinculado à consciencialidade avançada, responsável pela assistência às conscins e consciexes patológicas por meio da tarefa energética pessoal.

Sinonímia: 1. Coordenador, orientador; programador extrafísico da tenepes. 2. Epicentro extrafísico; técnico assistencial. 3. Consciex assistencial lúcida; consciex técnica desassediadora. 4. Parceiro extrafísico responsável pela atividade da tenepes. 5. Organizador extrafísico do campo assistencial da tenepes. 6. Tenepessista extrafísico vinculado ao orientador evolutivo.

Antonímia: 1. Conscin assistencial; amparador intrafísico. 2. Consciência amoral; assistente sem discernimento; guia amaurótico; consciex passional. 3. Consciência que prioriza a tacon. 4. Consciex egocêntrica; parcial; sectária. 5. Consciex religiosa. 6. Serenão. 7. Evoluciólogo. 8. Consciex ofiexista.

Características. Eis, listadas em ordem alfanumérica, 21 características do amparador da tenepes percebidas pelos integrantes do GPC tenepes:

01. **Anticonflituoso.** Mantém a consciência isenta de conflitos íntimos.

02. **Consciencial.** Amplifica a consciencialidade, por intermédio do incremento da lucidez e do discernimento.

03. **Constante.** Assiste permanentemente em alto nível.

04. **Cosmoético.** Dosa precisamente a assistência prestada. Não faz omissão deficitária nem estupro evolutivo.

05. **Cosmovisionário.** Percebe as intercorrências da assistência com perspectiva ampliada.

06. **Desassediador.** Promove a desintrusão pensênica rompendo as ligações energéticas patológicas.

07. **Desperto.** Atua na condição de desassediado totalmente na realização da sua função.

08. **Funcional.** Tem relação ampla com a especialidade da tarefa que executa.

09. **Grupalidade.** Atua em rede interassistencial geralmente na condição de pronto-socorro extrafísico.

10. **Holomaduro.** Possui maturidade consciencial desenvolvida.

11. **Inspirador.** Estimula ideias evolutivas.

12. **Libertário.** Desassedia, não controla nem tolhe o paradireito da consciência.

13. **Lúcido.** Atua em comunidades extrafísicas homeostáticas e apresenta ampla recuperação de cons. Passou pela segunda dessoma.

14. **Maxifraterno.** Mantém a postura acolhedora permanente com os assistidos.

15. **Mentalsomático.** Prioriza o uso da racionalidade na sua atuação.

16. **Neofílico.** Age de maneira pró-reciclagem, renovação e autonomia evolutiva das consciências.

17. **Objetivo.** Atua de modo direto sempre que possível.

18. **Pontual.** Cumpre o horário combinado.

19. **Respeito.** Conhece a ficha pessoal dos assistidos, respeitando o nível evolutivo de cada um.

20. **Técnico.** Possui assistencialidade avançada e domínio energético.

21. **Universalista.** Assiste indiscriminadamente as consciências.

Facilitadoras. Eis 26 posturas do praticante da tenepes, possíveis de levar à ampliação da interação com o amparador, dispostas em ordem alfanumérica:

01. **Abertismo.** Apresentar neofilia contínua.

02. **Acuidade.** Buscar identificar os campos assistenciais que se formam no dia a dia.

03. **Assistencialidade.** Manter posicionamento assistencial imparcial, sem buscar ganhos secundários.

04. **Autocrítica.** Aprender constantemente com seus acertos e erros.

05. **Autodisposição.** Manter motivação íntima no dia a dia para a assistência.

06. **Autopesquisa.** Buscar qualificação consciencial planificada por meio da autopesquisa.

07. **Auto-organização.** Organizar pensenes, rotinas e ambientes, otimizando esforços.

08. **Base.** Manter base física adequada para a tenepes.

09. **Cosmoética.** Vivenciar o Código Pessoal de Cosmoética (CPC).

10. **Desassedialidade.** Fazer a profilaxia das auto e heterointrusões.

11. **Energossomaticidade.** Praticar o estado vibracional de maneira sistemática e disciplinada.

12. **Evocação.** Ter lucidez das evocações pensênicas, visando à interassistencialidade.

13. **Humor.** Manter bom estado de espírito indicando saúde e desprendimento consciencial.

14. **Interdependência.** Buscar a coadjuvação recíproca, ampliando as potencialidades.

15. **Lucidez.** Dominar a passividade ativa, tendo lucidez quanto ao próprio epicentrismo.

16. **Ortopensenidade.** Manter a pensenidade hígida.

17. **Parapsiquismo.** Desenvolver o parapsiquismo, aprimorando a comunicabilidade interdimensional.

18. **Projetabilidade.** Buscar a projetabilidade lúcida interassistencial e fazer o registro projeciográfico.

19. **Receptividade.** Estar receptivo aos alertas conscienciais patrocinados pelos amparadores.

20. **Sexualidade.** Vivenciar a maturidade afetivo-sexual.

21. **Sinalética.** Perceber, registrar, pesquisar, desenvolver e utilizar a sinalética em favor da assistencialidade.

22. **Somática.** Manter cuidados essenciais com o soma.

23. **Tares.** Vivenciar a tarefa do esclarecimento.

24. **Tenepessologia.** Pesquisar e estudar, visando a qualificação da tenepes.

25. **Universalismo.** Cultivar a convivência sem fronteiras.

26. **Vínculo.** Unir forças, visando o objetivo comum da interassistencialidade avançada.

Dificultadoras. Eis, em ordem alfanumérica, 13 posturas dificultadoras da interação com o amparador da tenepes:

01. **Amizades ociosas.** Manter amizades, companhias negativas e/ou improdutivas.

02. **Anticosmoética.** Despriorizar a vivência teática do código pessoal de Cosmoética.

03. **Apedeutismo.** Ter parapsíquismo desequilibrado e desconhecimento sobre o tema.

04. **Assedialidade.** Afinizar com consciexes patológicas, assediadoras e guias cegos.

05. **Carências.** Manter carência afetiva, sexual, financeira, intelectual, energética.

06. **Deslumbramento.** Desconhecer a condição de minipeça e manter postura pessoal de imaturidade assistencial.

07. **Evocações.** Manter pensenizações patológicas, dogmáticas, de fatos negativos e autoassédios.

08. **Inutilidades.** Hábitos improdutivos, desperdício de tempo e energia.

09. **Insegurança.** Manter dubiedade, medos e baixa autoestima.

10. **Interprisões.** Realizar acumpliciamentos e conivências de origem afetiva e/ou profissional anticosmoéticas e geradoras de débitos cármicos.

11. **Intoxicação.** Manter bloqueio energossomático oriundo da autopensenidade corrupta e da intenção ilícita.

12. **Neofobia.** Falta de abertismo consciencial.

13. **Sedentarismo.** Ser sedentário, com má alimentação, sono insuficiente, excessos, vícios.

Indicativos. A seguir, listados, em ordem alfanumérica, 19 indicativos da atuação de amparador na tenepes:

01. **Abrangência.** Aumento do número e abrangência geográfica dos pedidos de tenepes.

02. **Arrimo.** Atuação na condição de arrimo assistencial, apoio para outras consciências.

03. **Autopesquisa.** Ampliação da autopesquisa.

04. **Convicção.** Sentimento frequente de bem-estar e a convicção íntima de contribuir com o maximecanismo, ainda que não haja clareza quanto ao número de assistidos ou a forma de assistência.

05. **Desassim.** Ausências de ressacas energéticas.

06. **Esclarecimento.** Expansão e qualificação natural da tares.

07. **Força.** Ampliação da força presencial.

08. **Higienização.** Melhoria dos ambientes frequentados pelo praticante.

09. **Homeostase.** Melhoria da condição holossomática.

10. **Inspirações.** Captação de ideias originais com mais facilidade.

11. **Interação.** Aumento na troca de experiências com outros tenepessistas.

12. **Iscagem.** Aumento significativo do processo de isca assistencial lúcida.

13. **Monitoramento.** Maior interação com os amparadores, respaldo e monitoramento da equipe extrafísica no cotidiano e durante a técnica.

14. **Ortopensenidade.** Melhora gradativa da pensenidade, pelo contato mais frequente com a equipe extrafísica.

15. **Recins.** Reciclagens frequentes e lúcidas.

16. **Retorno.** Receptividade quanto ao *feedback* dos amparadores, cursos de campo e laboratório da tenepes.

17. **Sinalética.** Mapeamento da sinalética energética pessoal.

18. **Sincronicidades.** Percepção de sincronicidades assistenciais no cotidiano.

19. **Sustentabilidade.** Ampliação da sustentabilidade assistencial e energética.

Técnicas. A seguir, listamos em ordem alfanumérica, 9 técnicas vivenciais que podem ser utilizadas para ampliar a interação com o amparador:

1. **Análise.** Analisar a quantidade de pedidos, a área de abrangência e os resultados obtidos mediante o recebimento de *feedbacks* espontâneos da assistência prestada.

2. **Autoavaliação.** Avaliar as reciclagens intraconscienciais estimuladas pela atuação sinérgica com o amparador.

3. **Autolucidez.** Anotar o pensene predominante em determinado período, visando buscar a autoconscientização multidimensional pelo aprofundamento da percepção.

4. **Clarividência.** Praticar a técnica do circuito coronofrontochacral, visando ao desbloqueio dos chacras superiores e ativação da clarividência.

5. **Encontro projetivo.** Buscar encontrar extrafisicamente o amparador da tenepes por meio de técnicas projetivas.

6. **Energeticidade.** Vivenciar a circulação fechada de energias, estado vibracional, exteriorização e absorção energética.

7. ***Rapport.*** Buscar o *rapport* com o amparo por meio do pensene assistencial, ponto de interesse comum entre o tenepessista e o amparador.

8. **Registro.** Observar e registrar os períodos anteriores e posteriores à tenepes, com análise pormenorizada.

9. **Sinalética.** Decodificar e vivenciar o sinal energético parapsíquico da presença do amparador ou convite à assistência de caráter pessoal.

Convívio. O contato diário com o amparador da tenepes é rica fonte de pesquisa e aprendizado, sendo o estudo detalhista dessa convivência capaz de promover a melhoria da interação da dupla amparador-amparando.

Percepção. Alguns integrantes do GPC tenepes observaram dificuldade para identificar a presença e a atuação do amparador extrafísico de função da tenepes, enquanto, para outros, essas percepções são bem claras.

Identificação. O tenepessista, ao estudar os sinais personalíssimos que compõem a sinalética da presença do amparador e para conseguir decodificar o sinal da presença deste, precisa de muita atenção e registro das percepções, sejam elas somáticas, energéticas, psicológicas, parapsíquicas ou físicas.

Monitoria. A observação da atuação do amparador pelo tenepessista pode e deve ser feita de maneira continuada, procurando percebê-la no dia a dia, visando à qualificação e ampliação da assistência prestada.

Fatuística 1 (F.N.A.). *A sinalética da presença do amparador para este tenepessista consistiu-se de zumbido no ouvido direito, sensações de coragem, ampliação da força presencial, captação de ideias e soluções de problemas, o que o leva a um estado de maior atenção, pois alguma assistência está em andamento.*

Fatuística 2 (I.R.S.). *A sinalética da presença do amparador, indicando o início da tenepes para esta tenepessista, constitui-se da sensação de adormecimento das mãos, as quais ficam rígidas e da sensação de acoplamento percebida como a atuação de outra consciência sobre as suas energias, a qual desaparece no final, inclusive com a liberação das mãos. Também podem ocorrer concomitantemente parafenômenos de efeitos físicos, tais como estalidos na madeira e ouvir a manifestação de animais.*

Fatuística 3 (I.D.F.). *A sinalética da presença do amparador para esta tenepessista é uma leve pressão no lado direito do rosto.*

DECODIFICAR SINAIS COM O OBJETIVO DE AMPLIAR A COMUNICAÇÃO COM O AMPARADOR REQUER *OBSERVAÇÃO E PESQUISA*. **O AMPARADOR É O MAIOR INTERESSADO NA EVOLUÇÃO CONSCIENCIAL DO TENEPESSISTA.**

Questionologia. Você, leitor ou leitora, percebe que está amparado e prestando uma tarefa assistencial? Sustenta a afinidade pensênica com o seu amparador?

DEVANEIO NA TENEPES
(PENSENOLOGIA)

Definição. O *devaneio na tenepes* é o ato de divagar em fantasias oriundas da imaginação, alienando o tenepessista do momento presente durante a realização da tarefa energética pessoal.

Sinonímia: 1. Abstraimento; distração na tenepes. 2. Alheamento consciencial; ausência; desatenção; divagação mental na tenepes. 3. Fantasia; sonho acordado do tenepessista. 4. Erro perceptivo na tenepes.

Antonímia: 1. Atenção; concentração na tenepes. 2. Tenepes focada na realidade. 3. Simulcognição na tenepes. 4. Presença consciencial na tenepes. 5. Atitude parapsíquica atenta. 6. Retilinearidade pensênica na tenepes. 7. Tenepes alerta, lúcida.

Paradoxo. O relaxamento profundo, que ocorre durante a técnica da tenepes, ao mesmo tempo em que facilita o contato parapsíquico, aumenta o grau de envolvimento com as lembranças mescladas com conteúdos oníricos, tornando-as mais vivas e intensas, ampliando a possibilidade da criação de enredos fantasiosos próprios do devaneio.

Mensuração. O criptopensene é a unidade de medida do devaneio (alienação intrafísica). O circumpensene é a unidade de medida do circunlóquio (VIEIRA, 2003, p. 467).

Crescendo. No crescendo das manifestações, observa-se que o devaneio pode preceder o estado hipnagógico (hipnagogia) no processo mentalsomático das conscins (VIEIRA, 1999, p. 200).

Lucidez. A vida consciencial acontece em cenários nos quais o gradiente de lucidez se encontra em processo de burilamento, buscando ampliação, porém oscilando na maior parte do tempo.

Níveis. Vê-se com clareza que a lucidez, mesmo na vigília física ordinária, varia em patamares, percentuais, graus ou níveis, conforme as condições individuais e as circunstâncias, provocando lampejos de exacerbação ou quedas por ofuscamento.

Tempo. Pela psicologia, muitas pessoas estão presas no pensamento futuro "o que vai acontecer", gerando a ansiedade e outros no passado ocasionando em alguns casos a depressão. Apenas pequena parcela do tempo é aplicada no presente, no sentido de serem provadas novas experiências rumo à evolução.

Descontinuidade. Nas tarefas energéticas e demais participações, em que a consciência figura na condição de protagonista, vale dizer que determinado grau de devaneio pode ser devido à transição entre um estado de consciência e outro, a exemplo do estado da vigília física ordinária para o estado projetivo. Porém, ocorrem determinadas fugas conscienciais que não parecem representar qualquer transição desse tipo, mas certa descontinuidade de atenção por parte do experimentador.

Cérebro. Durante o devaneio, diversas áreas do cérebro estão em franca atividade (CHRISTOFF, 2009, p. 8719 a 8724), inclusive aquelas ligadas à solução de problemas complexos, que antes se supunham estarem latentes durante esses episódios. O devaneio envolve também a área da memória e as redes neurais ligadas às lembranças as quais também se mostraram mais ativadas.

Protesto. *"O devaneio, antes de tudo, constitui um protesto contra a realidade, não tem necessidade de reflexão lógica, faltam-lhe direção e propósito"* (VIEIRA, 1999, p. 207).

Negativo. O devaneio é mais negativo quando a pessoa fica desconectada; nesse momento, pode ocorrer a dificultação do processo assistencial. O devaneio pode ser decorrente de situações mal resolvidas pelo praticante, precisando ser compreendidas e solucionadas.

Positivo. Já o enredo produtivo, patrocinado pelos amparadores, é aquele que potencializa a assistência, por exemplo, quando fixa na memória algo totalmente diferenciado para facilitar a assistência.

Pode ter a ver com a problemática, ou não. O ideal é o próprio praticante desenvolver tal condição de um devaneio produtivo, partindo de pesquisas pessoais, para que na hora da tenepes o pensene se direcione naturalmente para a questão pesquisada, sobrepondo-se às preocupações cotidianas. O praticante também pode pensenizar em algum elemento da natureza ou centrais extrafísicas, como forma de serenar a mente e absorver energias, se julgar necessário.

Deficiências. O devaneio na tenepes pode evidenciar deficientes aspectos intra e interconscienciais a exemplo desses 7, listados a seguir, em ordem alfanumérica:

1. **Desconexão.** Autodesligamento do fluxo energético e desconexão com o campo energético instalado.
2. **Obnubilação.** Baixa percepção de conjunto do processo multidimensional que envolve a tenepes.
3. **Incompreensão.** Falta de entendimento da oportunidade assistencial.
4. **Desarmonia.** Falta de sintonia entre o tenepessista, o amparador e o assistido.
5. **Fuga.** Fuga da realidade da assistência.
6. **Imaturidade.** Falta de desenvolvimento assistencial.
7. **Inexperiência.** Neófito no contato parapsíquico multidimensional.

Foco. A concentração do tenepessista no trabalho assistencial da tenepes evita o devaneio causado pelas interferências do microuniverso consciencial, mantendo o foco no momento presente, chancelando a parceria entre a consciência intrafísica e a consciex amparadora que sustenta e superintende a tarefa energética.

Passividade. Havendo ultrapassado a etapa inicial da semipossessão benigna e mantendo-se constante a conexão amparador-tenepessista, a tenepes entra em zona de menor influência dos conteúdos intraconscienciais, os quais se encontram impregnados na psicosfera do tenepessista e são oriundos das vivências do dia a dia. Com a manutenção do acoplamento sem interrupções, a experiência segue um fluxo interativo crescente e as questões pessoais ficam relegadas a um segundo plano, de modo que a interação consigo mesmo (circunlóquio) cede lugar à interação com a tarefa assistencial.

Tipologia. Os autores, por meio das vivências pessoais, buscaram classificar os devaneios mais frequentes, a seguir, 12 tipos listados em ordem alfanumérica:

01. **Aflitivo.** Gera alheamento ao procurar solucionar questões não resolvidas na vigília física ordinária. Difere do *insight*, telepatia e parapsiquismo ideativo por consumir espaço mental e não chegar a lugar algum e ocorrer na intraconsciencialidade.

02. **Assimilativo.** A mobilização das energias provoca a liberação de conteúdos informacionais aderidos à psicosfera do tenepessista, os quais formam *links* para rememorações, gerando devaneios sobre o tema. O ideal é o tenepessista melhorar a cada dia a sua capacidade de desassimilação.

03. **Assistencial.** Oriundo das interações entre a conscin tenepessista e as consciexes presentes no campo assistencial, do contato com as energias e memórias das consciências assistidas trazidas pelos amparadores e do contexto no qual a assistência está inserida.

04. **Circular.** Arrebatamento por uma corrente de eventos intrapsíquicos que formam um círculo pensênico, desviando a atenção e despendendo uma grande parcela de tempo e energia sem resultado prático.

05. **Criativo.** Aflora devido ao grau elevado de criatividade e intuição. Dessa forma, o devaneio não se relaciona com falta de capacidade intelectual, mas com o seu uso inadequado.

06. **Fuga.** Pensamentos geralmente agradáveis e prazerosos à consciência, que os utiliza como fonte de fuga de uma realidade que considera desinteressante, gerando alheamento consciencial da mesma.

07. **Hipnagógico.** Efeito da hipnagogia, comum entre os tenepessistas que têm projeções semilúcidas assistenciais durante a tenepes. Difere do devaneio comum por tratar-se de evento de rápida duração, normalmente de segundos.

08. **Intrusivo.** Devido às influências das consciências intrusivas, presentes ou externas ao campo assistencial, assediadoras do tenepessista ou dos assistidos ou ainda daquelas que são iscadas pelo tenepessista no seu cotidiano. Sua influência energética gera devaneio e alheamento da tarefa assistencial.

09. **Mnemônico.** Fruto dos resíduos das lembranças do dia a dia. Os conteúdos, muitas vezes inconscientes, afloram durante a tenepes, trazendo ao tenepessista recordações de vivências.

10. **Negativo.** Oriundo da ênfase em ocorrências negativas.

11. **Onírico.** Decorrente de sonho.

12. **Repetitivo.** Pensamentos frequentes sobre determinado assunto, o qual recebe contínua realimentação, formando parte de seu holopensene pessoal.

Exemplos. Eis, a seguir, em ordem alfanumérica, 8 exemplos de devaneio na tenepes:

1. **Associação.** Entrar em um encadeamento de ideias no qual o primeiro pensamento se liga a um segundo relacionado a este e ao final encontra-se devaneando muito longe da realidade presente.

2. **Cantarolar.** Repetir música mentalmente.

3. **Correlação.** Pensenizar sobre eventos vivenciados e suas correlações.

4. **Desejos.** Buscar satisfação pessoal ao se imaginar atendendo desejos como aquisições de bens, sucesso pessoal, profissional ou em relacionamentos.

5. **Fantasias.** Imaginar diálogos com pessoas, nos quais o direcionamento dos mesmos é fantasiado pelo devaneador.

6. **Monoideísmo.** Manter ideia fixa em evento ou situação pessoal ocorrida ou vindoura.

7. **Preocupação.** Ruminar mentalmente sobre questões pendentes do dia a dia.

8. **Reflexão.** Refletir a partir de ideias que surgem durante a tenepes.

Causas. A força impulsionadora que está por trás do devaneio é um desejo consciente ou inconsciente, a busca da satisfação alucinatória de desejos (NICK & CABRAL, 2006, p. 84). Outros devaneios são continuações dos sonhos noturnos e vice-versa, sofrendo grande influência das ocorrências do dia. O devaneio tem relação com a atuação do subcérebro abdominal e do porão consciencial sobre a consciência.

Técnica. Segundo Vieira (2009, p.207) o devaneio pode ser empregado como "técnica eficaz para a conscin sentir paz interior, quietude íntima, bem-estar profundo e conciliar o sono natural, quando enfrenta crises cruciais e extremas pressões do cotidiano terra a terra, na sua vivência humana, estando a sua mente agitada de tal modo por supostos problemas dos quais não consegue se libertar". A técnica do devaneio ascensional ou devaneio dirigido ajuda a consciência a se preparar para se projetar conscientemente em certos casos, consistindo em uma concentração de pensamentos positivos, nos quais a consciência intrafísica imagina, em minúcias, tudo aquilo que naquele momento a tornará a pessoa mais feliz do mundo.

Amplificadores. Eis, a título de exemplo, 17 amplificadores do devaneio na tenepes listados em ordem alfanumérica:

01. **Assim.** Assimilação sem desassimilação.

02. **Autoestima.** Problemas de manter autoestima sadia.

03. **Cansaço.** Cansaço físico e mental.

04. **Carência.** Carência sexual.

05. **Desatenção.** Atenção saltuária.

06. **Desorganização.** Como mau hábito.

07. **Egocentrismo.** Foco excessivo em suas dificuldades e necessidades.

08. **Emocionalismo.** Tendência à emocionalidade.

09. **Escapismo.** Não se posicionar.
10. **Esquecimentos.** Problemas mnemônicos.
11. **Hiperatividade.** Transtorno do Déficit de Atenção, Hiperatividade e Impulsividade (TDAHI).
12. **Indisciplina.** Falta de comprometimento.
13. **Medicamentos.** Alterações por efeito farmacológico.
14. **Medo.** Covardia, acanhamento.
15. **Mesméxis.** Repetição de atitudes ultrapassadas. Baixo investimento em reciclagens.
16. **Monoideísmo.** Batopensenidade.
17. **Ociosidade.** Inatividade intelectual. Sedentarismo. Preguiça.

Consequências. Eis 7 hipóteses das influências do devaneio na tarefa energética pessoal:

1. **Amparabilidade.** Inibe a captação de ideias inspiradas pelos amparadores, decresce o nível de contato e interação, dificulta a atuação conjunta.
2. **Eficácia.** Dificulta a sintonia com o trabalho assistencial executado; diminui a eficácia assistencial da tenepes.
3. **Parapercepção.** Polui as parapercepções, tornando-as embotadas ou misturando-as com elementos oníricos.
4. **Energização.** Diminui o fluxo da energia consciencial, podendo gerar ausência energética. Influi na qualidade da energia consciencial que é transmitida, podendo gerar intoxicação energética ao focalizar eventos negativos.
5. **Interrupção.** Interrompe ou pausa o atendimento e desvio da energia consciencial para fantasias quando esta é reorientada para vivências internas.
6. **Morfopensenes.** Produz repetição de padrões pensênicos, ao devanear, gerando morfopensenes que ficam aderidos a psicosfera do assistente, influenciando nas suas energias.
7. **Obnubilação.** Reduz o grau de lucidez da consciência ao impossibilitar a manutenção do foco, dificultando a retenção mnemônica das ocorrências na tenepes.

Profilaxia. A seguir elencadas, em ordem cronológica, medidas profiláticas ao devaneio, formando 4 blocos distintos:

A. Antes da Tenepes.

1. **Atenção.** Observar os acontecimentos e reações pessoais com atenção concentrada nas tarefas que estejam sendo executadas.
2. **Energias.** Trabalhar as energias durante o dia e principalmente antes da tenepes, aumentando a sensibilidade parapsíquica.
3. **Desassimilação.** Desassimilar as energias tóxicas com a instalação do estado vibracional.
4. **Texto.** Promover leitura de texto Conscienciológico momentos antes da tenepes, como por exemplo o Manual da Tenepes ou o Léxico de Ortopensatas, visando serenar a pensenidade.
5. **Foco.** Fixar a atenção em algum aspecto do holossoma para obter disciplina e acalmia mental.
6. **Sintonia.** Manter intencionalidade sadia, facilitando a sintonia com o amparador.

B. Durante a Tenepes.

1. **Assepsia.** *"Iniciar a tenepes com a liberação de energias conscienciais de modo consciente, benigno, em favor de todos aqueles que não nos entenderam, que não tratamos bem ou com os quais nos desentendemos de maneira antifraterna durante as últimas 24 horas. Isto promove a assepsia das emoções"* (VIEIRA, 1995, p. 27).
2. **Observação.** Ficar atento aos fluxos energéticos, manifestações parapsíquicas e pensenidade.
3. **Interação.** Focar no contato interativo real e presente com a tenepes, potencializando o acoplamento com o amparador.

C. Depois da Tenepes.

1. **Registro.** As ocorrências durante a tenepes podem ser memorizadas e posteriormente registradas, servindo de fonte para pesquisas. Isso leva o praticante a ficar mais atento durante a prática e aos momentos que precedem e sucedem a mesma, contribuindo para a redução do devaneio.
2. **Avaliação.** Incluir como nota de rodapé nas anotações gerais da prática uma avaliação do devaneio durante a mesma. Isso estimulará o praticante a melhorar seu desempenho.

3. **Reciclagem.** O tenepessista pode aproveitar a sua experiência na realização da tarefa, estando atento ao momento presente, como fonte de contínuo aprendizado e reciclagens.

D. Periodicamente.

1. **Imobilidade.** Praticar periodicamente a técnica da imobilidade física vígil (VIEIRA, 1997, p. 122).

2. **Autorreflexão.** Usar a *técnica da autorreflexão de 5 horas* (VIEIRA, 2012, p. 2011), para colocar suas reflexões em dia. O momento da tenepes não deve ser usado como câmara de reflexão exclusivamente sobre questões pessoais.

3. **Tábula.** Utilizar a *técnica da Tábula Rasa Consciencial* (VIEIRA, 1994, p. 521), para esvaziar a mente, aguçando a atenção aos detalhes e analisando com a acuidade máxima tudo que se sente e se experimenta em contato com a vida intrafísica ao seu redor como se fosse a primeira vez, visando à profilaxia à robotização.

4. **Autodesassédio.** A técnica do autocontrole pensênico fundamenta-se em, 5 minutos por dia, deitar-se confortavelmente e tentar, pela impulsão da vontade, dominar os pensamentos.

Ortopensenidade. Buscar a reeducação da pensenidade por meio da comparação do fluxo pensênico pessoal com o código pessoal de cosmoética (CPC), não se permitindo pensar de maneira anticosmoética.

Qualificação. Não é por ser praticante da tenepes que a conscin estará sempre disposta, otimista e saudável. É importante analisar a qualidade dos devaneios, o que, às vezes, é útil, em outras é patológico.

Fatuística (I.R.S.) (2009). *Mobilizei as energias e as senti sutilmente, quase sem percebê-las. Ocorreram alguns devaneios no momento dos exercícios bioenergéticos e novamente durante o trabalho da tenepes. Percebi-me durante bons minutos perdida em devaneios. Quando voltei a mim, dei-me conta da falta de atenção e, por clarividência, enxerguei a imagem do amparador. Ele estava em uma posição como se observando-se* *minha falta de atenção. Parado, sem se movimentar, estático, esperando que eu, a fonte da energia mais densa, voltasse a atenção para a assistência que estava sendo realizada e percebesse a responsabilidade do trabalho, e eu, naquele momento, estava perdendo tempo com pensenes fúteis.*

O FOCO NA *VIVÊNCIA DA REALIDADE ASSISTENCIAL* **E NA ATUAÇÃO EM SINTONIA COM O AMPARADOR DA TENEPES OTIMIZA COSMOETICAMENTE A TRANSMISSÃO DA ENERGIA POTENCIALIZANDO A INTERASSISTENCIALIDADE.**

Questionologia. Você, leitor ou leitora, sabe silenciar seus pensamentos para interagir melhor com a multidimensionalidade? Costuma realimentar devaneios alienantes durante a tenepes?

ADORMECER NA TENEPES
(SOMATOLOGIA)

Definição. O *adormecer na tenepes* é a perda da lucidez durante a realização da tarefa energética pessoal, alienando-se do momento presente, período relativo à assistencialidade.

Sinonímia: 1. Tenepes inconsciente. 2. Ausência de lucidez na assistência. 3. Cair no sono durante a tenepes. 4. Dormir na tenepes. 5. Alheamento consciencial durante a tenepes. 6. Cochilar durante a tenepes. 7. Dormitar na tenepes.

Antonímia: 1. Lucidez durante a tenepes. 2. Tenepes desperta. 3. Tenepes focada. 4. Concentração na tenepes. 5. Presença consciencial na tenepes. 6. Passividade alerta. 7. Atitude parapsíquica atenta.

Acuidade. É necessário atenção para assistir com eficiência. Durante a vigília física do tenepessista, ocorrem interações multidimensionais que culminarão no momento da tenepes.

Negligência. Adormecer frequentemente na tenepes pode significar negligência e descaso com o compromisso da assistência, dificultando o atendimento e o desenvolvimento da interassistencialidade. O que deve ser evitado é o tenepessista se permitir ficar dormindo durante a tenepes.

Iscagens. O processo de iscagem pode acontecer nas relações do dia a dia, necessitando acuidade para facilitar o encaminhamento assistencial para a tenepes.

Participação. É importante mantermo-nos lúcidos durante a prática da tenepes, para que o trabalho assistencial iniciado possa ser eficaz. A passividade alerta é condição fundamental na vivência da interdependência entre o amparador e o tenepessista.

Apagamento. Há casos na tenepes em que contribuímos mais quando momentaneamente perdemos a lucidez. Os amparadores podem dosar o quanto podemos perceber durante a prática da tenepes. Isso acontece quando a assistência for impactante para o tenepessista, desestabilizando-o emocionalmente, ou se o atendido fizer parte do seu convívio e não houver isenção para colaborar com o amparador e ainda em casos de assistência urgente necessitando grande quantidade de energia densa.

Ocorrência. Independente da fase da tenepes, seja nos primeiros seis meses, ou após dois ou dez anos de prática, os relatos dos praticantes evidenciam em algum momento ou períodos, o adormecer na tenepes.

Causas. Adormecer durante a prática da tenepes pode evidenciar, entre outras, essas 11 causas listadas em ordem alfanumérica:

01. **Descompensação.** Ajustes ou descompensação energética; bloqueio energossomático.

02. **Excesso.** Alimentação inadequada, excessiva ou fora de hora.

03. **Intrusão.** Assédio; atuação de guia amaurótico.

04. **Necessidade.** Assistência ao tenepessista. Assistência extrafísica impactante. Recomposição energética.

05. **Autodesorganização.** Defasagens energossomáticas.

06. **Cansaço físico.** Fuso horário; sono atrasado; noite mal dormida.

07. **Obnubilação.** Declínio da lucidez.

08. **Mesméxis.** Falta de reciclagem.

09. **Autodespriorização.** Negligência evolutiva. Falta de priorização.

10. **Lastreamento.** Projeção com o psicossoma lastreado.

11. **Sedentarismo.** Descondicionamento somático ou energossomático.

Profilaxia. Eis 11 medidas profiláticas, listadas em ordem alfanumérica, adotadas pelos integrantes do GPC Tenepes de Porto Alegre, visando prevenir o adormecimento durante a prática:

01. **Autopesquisa.** Ter postura de pesquisador durante a tenepes.

02. **Carga.** No dia a dia, verificar se a rotina está adequada a sua suportabilidade energética e se necessário diminuir a carga horária de trabalhos e atividades.

03. **Condicionamento.** Buscar condicionamento físico e energossomático.

04. **Descanso.** Aplicar a técnica da sesta. Dormir mais cedo e priorizar a qualidade do sono. Evitar praticar a tenepes cansado.

05. **Dieta.** Evitar a obesidade.

06. **Energias.** Trabalhar as energias antes da tenepes.

07. **Foco.** Evitar a displicência pensênica.

08. **Higiene.** Lavar as mãos e o rosto antes de ir para a tenepes.

09. **Horário.** Adequar o horário da prática.

10. **Posição.** Fazer a tenepes sentado em poltrona.

11. **Profilaxia.** Fazer a profilaxia das drenagens energéticas diárias.

Horário. A escolha do horário da tenepes pode influenciar em nossa lucidez, principalmente em casos pontuais, a exemplo desses 5 listados a seguir:

1. **Após a alimentação:** por tratar-se de uma tarefa energética, pode-se, erroneamente, associar energia à alimentação em excesso. É desaconselhável a ingestão de grande quantidade de alimentos antes da tenepes, podendo ser esse um dos motivos para que haja falta de lucidez e adormecimento no horário da prática.

2. **Na madrugada:** horário no qual as possibilidades de interferências são minimizadas, porém para quem possui intensa atividade profissional a escolha deste horário pode trazer a recorrência sistemática do ato de adormecer na tenepes.

3. **No final do dia:** nos horários do final do dia, em geral, os compromissos já foram todos atendidos. Para alguns tenepessistas, o cansaço gerado pelos afazeres do dia, aumenta a possibilidade de adormecer.

4. **No início do dia:** o horário da manhã, antes do início das atividades profissionais, pode ser um bom horário, minimizando a possibilidade de adormecer.

5. **Após o descanso:** o horário após o período de sono, estando descansado e recuperado do desgaste das atividades rotineiras, é adequado para a prática da tenepes.

Momentos. Cada faixa etária tem peculiaridades que facilitam alguns horários e dificultam outros. Por tratar-se de uma tarefa duradoura cuja responsabilidade se perpetua para o resto desta vida intrafísica, em determinados momentos necessitamos mudar nossas rotinas e nisto se inclui a tenepes. Consultar o amparador de função é conduta eficiente nas mudanças necessárias nos horários.

Constância. É necessário cuidado e atenção para alterarmos o mínimo de vezes o horário da prática, mesmo dentro das 3 horas do dia. Pontualidade e constância são atributos necessários ao tenepessista.

Paradoxo. O exercício físico diário, inicialmente, pode tornar-se um motivo de cansaço, porém a continuidade dessa prática ativa o organismo, tornando a pessoa mais disposta para enfrentar suas tarefas rotineiras, inclusive a tenepes. Também contribui para a soltura energossomática, facilitando a doação das energias necessárias ao trabalho. Aliados ao EV, os exercícios físicos trazem bons resultados para a saúde da conscin, auxiliando na profilaxia do adormecer durante a tenepes.

Fatuística (D.P.P.). *Eram 10 horas e 30 minutos quando recebi uma ligação da escola em que minha mulher trabalha, informando-me que ela não estava passando bem. Fortes dores abdominais a acometiam. Desloquei-me do Bairro Bom Fim até o Bairro Passo das Pedras, em 40 minutos. Ao chegar à escola, percebi que seu estado era complicado. As dores abdominais eram tantas que seu deslocamento era lento, com interrupções no andar, devido aos espasmos e contrações que a faziam abaixar-se e encolher de dor. Conduzi-a até o carro e iniciei o trajeto ao hospital mais próximo.*

Duas quadras depois da escola, no semáforo da esquina, estavam parados dois policiais motociclistas da Brigada Militar. Abri o vidro e co-

muniquei que estava com a mulher com fortes dores, e solicitei uma escolta até o hospital. Prontamente, os policiais subiram em suas motos e enquanto um ia à frente, interrompendo o fluxo normal do trânsito, o outro escoltava meu carro.

Era meio-dia e em todos os cruzamentos os semáforos estavam abarrotados de carros e pedestres. Dentro do possível, avançávamos pela rua ou pelos corredores de ônibus. Em menos tempo que o normal, fomos levados até o hospital. Os policiais despediram-se perguntando apenas o nome da paciente para anotar em sua ocorrência.

Na emergência do hospital, fomos informados que não poderiam nos atender ali, pois só tratavam casos com fraturas. Retornamos ao carro e seguimos até outro hospital. Lá, entramos na fila para atendimento. A dinâmica de um hospital popular fez-me entender a dinâmica da minha tenepes. Muitos pacientes para serem atendidos, mas pouco interesse pela dor alheia se percebia no tratamento que aqueles profissionais dedicavam ao trabalho de assistência. A associação e aprendizado foram instantâneos.

Quantas vezes o encaminhamento de uma consciência necessitada foi feito com presteza pelo amparo até a minha tenepes e lá chegando teve que ser encaminhado para outra assistência, porque a minha não estava qualificada? Quantas vezes na minha tenepes, estando eu desmotivado, preguiçoso ou sonolento fiz um trabalho desqualificado, demandando que o assistido tivesse que ser reconduzido para que as suas necessidades fossem atendidas? Senti-me muito envergonhado ao perceber que eu poderia fazer muito mais do que eu estava fazendo e o quanto a tenepes é uma prática que exige responsabilidade, comprometimento e senso de assistência interconsciencial.

DORMIR NA TENEPES É** CONDUTA-EXCEÇÃO. **SE FREQUENTE, SIGNIFICA PERDA DE OPORTUNIDADES EVOLUTIVAS REQUERENDO INVESTIGAÇÃO E ESFORÇOS MÁXIMOS PARA PERMANECER ACORDADO.

Questionologia. Você, leitor ou leitora, adormece frequentemente na tenepes? Qual a sua atitude perante o adormecer frequente? Quais atitudes ou rotinas profiláticas vem implementando, visando estar lúcido durante a técnica?

AUTOLUCIDEZ NA TENEPES
(AUTOLUCIDOLOGIA)

Definição. A *autolucidez na tenepes* é a capacidade de estar presente e ativo, raciocinando, percebendo, sentindo e avaliando com clareza os fatos e parafatos relacionados aos contextos multidimensionais da tenepes, atuando em parceria com o amparador de modo consciente.

Sinonímia: 1. Sintonia pensênica com a tenepes. 2. Clareza das parapercepções; inteligência parapsíquica na tenepes. 3. Acuidade na tenepes. 4. Nitidez pensênica na tenepes. 5. Assistencialidade consciente na tenepes.

Antonímia: 1. Desconexão pensênica na tenepes. 2. Mediunidade inconsciente. 3. Obnubilação pensênica na tenepes. 4. Patopensenidade alienante. 5. Adormecer na tenepes.

Variáveis. A seguir, relacionados, em ordem alfanumérica, 11 circunstâncias que podem influenciar na autolucidez na tenepes:

01. **Ambiente.** Escurecimento e temperatura inadequados.
02. **Assedialidade.** Intrusões pensênicas.
03. **Descoincidência.** Parcial ou total dos veículos. Soltura energossomática.
04. **Descondicionamento.** Falta de condicionamento holossomático.
05. **Doenças.** Distúrbios na parte física ou emocional. Uso de fármacos.
06. **Ectoplasmia.** Doação de energias densas.
07. **Holopensene.** Pessoal e do ambiente
08. **Inexperiência.** No processo parapsíquico e na tenepes.
09. **Intensidade.** Ampliação dos acoplamentos e assimilações.
10. **Necessidade.** Tipo de assistência.
11. **Projeções.** Assistenciais durante a tenepes.

Percepções. É importante o tenepessista investir na manutenção da lucidez durante a tenepes para melhorar suas percepções das ocorrências durante a prática, ampliando a interação com o amparador e a eficiência interassistencial.

Parafenômenos. A seguir, listados 7 parafenômenos percebidos pelos integrantes do GPC tenepes cuja percepção foi ampliada com a qualificação da lucidez durante a prática:

1. **Acoplamento.** Intensificação da assimilação e desassimilação.
2. **Clarividência.** Parapercepção visual das ocorrências.
3. **Duplicidade.** Fenômeno da consciência dupla.
4. **Holopensene.** Parapercepção das características do holopensene dos assistidos.
5. **Intercâmbio.** Comunicação com o amparador e com os assistidos.
6. **Projeção.** Descoincidência ampla dos veículos chegando à projeção consciente.
7. **Sinalética.** Melhoria na percepção da sinalética anímico-parapsíquica.

Detalhes. O aumento da lucidez leva à percepção de aspectos amplos e complexos da interassistencialidade, porém para que ela ocorra é fundamental estarmos atentos aos pequenos detalhes, pois esses muitas vezes são pontos de ligação do intra com o extrafísico.

Técnicas. Eis, a seguir, a relação de medidas utilizadas pelos integrantes do GPC Tenepes para desenvolver a lucidez, listadas em ordem alfanumérica e divididas quanto à cronologia:

A. Antes da tenepes:

1. **Atendimento.** Atender às próprias necessidades fisiológicas.
2. **Ativação.** Promover o circuito coronochacra-frontochacra, ativando os chacras superiores.
3. **Descanso.** Atender à carga horária de sono.
4. **Dieta.** Alimentar-se levemente antes da tenepes.
5. **Energias.** Praticar a MBE com a instalação do estado vibracional.

6. **Leitura.** Ler atentamente texto conscienciológico.

7. **Organização.** Eliminar bagulhos energéticos do quarto da tenepes e da casa toda.

8. **Pedidos.** Ler atentamente os pedidos de tenepes visando o *rapport* com o assistido.

9. **Relaxamento.** Relaxar física e psiquicamente.

B. Durante a tenepes:

1. **Assepsia.** Iniciar a tenepes com a técnica da assepsia das emoções (VIEIRA, 2011, p. 27).

2. **Memorização.** Registrar mentalmente as percepções.

3. **Passividade.** Focar a atenção no amparador e nos fluxos energéticos sem interferir.

C. Depois da Tenepes:

1. **Desassim.** Promover a desassimilação energética.

2. **Rememoração.** Repassar mentalmente as vivências.

3. **Registro.** Escrever as vivências.

Otimizadores. Os atributos conscienciais otimizadores da autolucidez percebidos na tenepes foram: atenção, observação, autoconfiança, discernimento, determinação, saúde parapsíquica e cosmoeticidade.

Sentido. A autoconscientização multidimensional é a principal fonte de obtenção da lucidez, intra ou extrafísica. É o que dá sentido a tudo que vemos, ouvimos ou intuímos.

Psicossoma. A compreensão e o domínio das emoções próprias do psicossoma proporcionam maior racionalidade e melhor lucidez na teática da tenepes.

Hipnagogia. Ao promovermos a descoincidência dos veículos, podemos entrar no estado hipnagógico, estado alterado de consciência no qual a manutenção da lucidez possibilita parapercepções.

Alertas. A seguir, listados, em ordem alfanumérica, 10 alertas conscienciais capazes de ampliar a lucidez, ligados à prática da tenepes:

01. **Banho.** Banho energético de origem extrafísica.
02. **Clariaudiência.** Chamadas à lucidez.
03. **Ectoplasmia.** Intensificação da doação energética.
04. **EV.** Entrar em estado vibracional espontaneamente.
05. **Expansão.** Abertura dos chacras superiores especialmente o coronochacra.
06. **Fluxos energéticos.** De origem desconhecida.
07. **Mioclonia.** Gerando repercussões.
08. **Olorização.** Sem causa física e aparecendo e desaparecendo subitamente.
09. ***Raps.*** Ruído ambiental.
10. **Sinalética.** Instalação de sinalética parapsíquica específica.

Fatuística (I.R.S.). *Estava mobilizando as energias em circuito coronochacra-frontochacra. Nesse momento pensei: gostaria tanto de ter lucidez para ver como se processa o trabalho no extrafísico. Continuei concentrada esperando uma resposta e, de repente, vi em meu colo uma caixinha branca, cheia de vidrinhos de remédios homeopáticos. Pensenizei: o que será que o amparador quis dizer com isso? Para minha surpresa, logo compreendi a mensagem extrafísica: lucidez é como dose homeopática, de gota em gota vai se ampliando.*

A** LUCIDEZ **A RESPEITO DO CONTEXTO MULTIDIMENSIONAL EXISTENTE DURANTE A TENEPES AMPLIA A INTERAÇÃO COM O AMPARADOR, A SUSTENTABILIDADE DO CAMPO E** PROMOVE QUALIFICAÇÃO **INTERASSISTENCIAL.

Questionologia. Você, leitor ou leitora, procura ficar lúcido com relação às paraocorrências da tenepes? Percebe quando sua conexão alterna entre o contato com os amparadores e com os assistidos?

RECICLAGEM INTRACONSCIENCIAL DO TENEPESSISTA
(RECEXOLOGIA)

Definição. A *reciclagem intraconsciencial do tenepessista* é a obtenção ou a conquista de atributos, por meio da autopesquisa, autodiagnóstico, autoenfrentamento e autossuperação que impulsionam a evolução, modificando a pensenidade, permitindo a interação com o amparador e a qualificação da tenepes.

Sinonímia: 1. Requalificação de atitudes do tenepessista. 2. Aceleração evolutiva do tenepessista. 3. Mudanças do tenepessista. 4. Atualização tenepessística. 5. Trabalho intraconsciencial do tenepessista. 6. Esmero interassistencial.

Antonímia: 1. Estagnação evolutiva do tenepessista. 2. Estágio neutro da tenepes. 3. Inércia interassistencial. 4. Ociosidade interassistencial. 5. Acídia consciencial. 6. Acomodação do tenepessista. 7. Mesméxis assistencial.

Neologia. O vocábulo *recin* é neologismo técnico da Recexologia.

Transformação. A recin do tenepessista consiste na qualificação assistencial por intermédio da transformação íntima das imaturidades e inabilidades em talentos úteis à evolução consciencial.

Identificação. Cabe a cada consciência motivada identificar os traços que impedem a sua caminhada evolutiva.

Exigência. A prática da tenepes exige do tenepessista constantes reciclagens em busca da assistência mais eficaz. A ausência da *recin* é retrocesso evolutivo e se reflete na qualidade da assistência na tenepes.

Holossoma. Cada veículo tem suas peculiaridades, as quais influem na qualidade da tenepes. As reciclagens passam necessariamente pela adequação do holossoma à prática assistencial. A saúde e homeostase holossomática do tenepessista são buscadas visando maior eficácia assistencial, atendendo o princípio de que o assistente é o primeiro a ser assistido.

Crise. O tenepessista pode entrar em crise de crescimento ao perceber que não está havendo qualificação da tenepes. O desconforto gerado pela crise sinaliza a necessidade de reciclagem.

Autopesquisa. Não é possível mudar outras pessoas, mas cada um, se quiser, consegue e pode mudar a si próprio, mediante a conscientização, aceitação e implantação de atitudes proativas.

Automotivação. Tais mudanças requerem automotivação, muito esforço, persistência e vontade inquebrantável.

Evolução. *Autopesquisa requer convívio,* por isso a necessidade das interrelações com nosso grupo familiar, amigos e pessoas com as quais interagimos ao longo de nossa existência intrafísica, incluindo o contato com as consciexes envolvidas.

Ortopensenidade. Tudo o que é feito e pensado durante o dia influencia em maior ou menor grau a tenepes. O amparador pode não encontrar condições para se aproximar do tenepessista se este estiver com pensenes antifraternos. Enquanto nossos traf*a*res se sobressaírem, dificultando a compreensão da necessidade e do nível evolutivo das outras consciências, não teremos condições ideais de acolhimento e assistência.

Escolhas. Quando a conscin se dispõe a assistir não escolhe quais consciências vai auxiliar. Mesmo não havendo o pedido de tenepes as consciências são trazidas diretamente pelo amparador. A tenepes exige universalismo.

Gargalos. Eis alguns dificultadores no desempenho da tenepes e aproximação do amparador: ansiedade, impaciência, atenção saltuária, parapsiquismo não desenvolvido e pensenidade patológica.

Questionamentos. Para auxiliar no processo do autoenfrentamento, sugerimos a reflexão quanto às 4 questões abaixo, listadas em ordem alfanumérica:

1. **Assistencialidade.** Durante o dia de hoje assisti mais ou fui mais assistido?

2. **Cosmovisão.** Tenho visão apenas trafarista?

3. **Discriminação.** Ainda discrimino as consciências?

4. **Pensenização.** Ainda penso mal de alguém?

Requisitos. Ao praticante da tenepes são indispensáveis posturas otimizadoras, tais como as 8 descritas abaixo, listadas em ordem alfanumérica:

1. **Bioenergética.** Fazer exercícios bioenergéticos a exemplo da mobilização básica de energias (MBE) e do estado vibracional (EV), fundamentais para o desenvolvimento do parapsiquismo e reconhecimento da sinalética energética para interação com o amparador.

2. **Cosmoética.** Fazer e vivenciar o código pessoal de Cosmoética para obter o discernimento necessário lembrando que nem toda a habilidade parapsíquica é aplicada sadia e cosmoeticamente, sendo imprescindível a reflexão.

3. **Pacificação.** Pacificação íntima proporcionando condições ao tenepessista de restabelecer a concórdia, aquietar e desassombrar outras consciências.

4. **Parapercepções.** A vivência lúcida do parapsiquismo é ferramenta importante para otimização das reciclagens. Auxilia na percepção das sutilezas das energias que gravitam ao redor do tenepessista, na leitura de ambientes, de objetos e das companhias intra e extrafísicas.

5. **Pensenidade.** Pensenidade hígida, retilínea evitando intrusões de ideias negativas tanto próprias quanto de outras consciências.

6. **Recin.** Para a consciência interessada e motivada, a reciclagem se dá num *modus continuum*, não cessa. A consolidação de um traf*o*r gera competência para a reciclagem de novos traf*a*res a serem trabalhados.

7. **Serenidade.** Tranquilidade íntima diante das perturbações, permitindo plena assistência às consciências carentes e patológicas.

8. **Sinalética.** Além dos fenômenos parapsíquicos, a sinalética identificada e decodificada pela autopesquisa pode confirmar a presença do amparador da tenepes ou de consciexes a serem assistidas.

Concomitância. É importante que o desenvolvimento das reciclagens e o autoparapsiquismo ocorram ao mesmo tempo. São habilidades que auxiliam o tenepessista na sua evolução e qualificação assistencial quando utilizadas de maneira cosmoética.

Qualificação. A qualificação da tenepes está diretamente relacionada com a qualificação do tenepessista e suas reciclagens pessoais. Eis 19 pontos a serem observados, em ordem alfanumérica:

01. **Afetividade.** Sexualidade madura, superando carências.

02. **Altruísmo.** Descarte dos hábitos exclusivos para si.

03. **Assepsia.** Evitação e limpeza de rastros pensênicos patológicos.

04. **Autopesquisa.** Investimento na autopesquisa e franqueza diante dos amparadores em relação a traf*o*res, traf*a*res e autocorrupções.

05. **Base.** Espaço físico adequado.

06. **Bioenergética.** Práticas bioenergéticas, principalmente EV e exteriorização energética.

07. **Cosmoética.** Vivência do Código Pessoal de Cosmoética (CPC).

08. **Cursos.** Participação nos cursos que envolvam o tema tenepes.

09. **Desassedialidade.** Aumento da capacidade de autodesassédio.

10. **Disponibilidade.** Atenção às interações multidimensionais e solicitações de assistência.

11. **Equilíbrio.** Aumento da estabilidade emocional.

12. **Grupalidade.** Aperfeiçoamento da capacidade de trabalhar em equipe. Participação no GPC Tenepes com desenvolvimento de pesquisa.

13. **Homeostase.** Cuidados com o soma, tais como: alimentação, sono e exercícios físicos.

14. **Intencionalidade.** Aprimoramento da pensenidade e da intencionalidade.

15. **Parapsiquismo.** Desenvolvimento do parapsiquismo interassistencial.

16. **Reflexão.** Autopesquisa e franqueza diante dos amparadores em relação a traf*o*res, traf*a*res e autocorrupções.

17. **Relaxamento.** Aperfeiçoamento da capacidade de relaxamento.

18. **Representatividade.** Desenvolvimento de novas posturas, assumindo a representatividade multidimensional do tenepessista.

19. **Sinalética.** Mapeamento da sinalética.

Neovalores. Importa ao tenepessista, gradualmente substituir seus valores obsoletos por neovalores evolutivos alavancadores da proéxis e da tenepes.

Fatuística (I.D.F.). *Percebi que a tenepes estava estagnada. Comecei a sentir desconforto e fui pesquisar a causa. Constatei que eu tinha assumido compromissos com o amparador, objetivando estudos e autopesquisa os quais fazia por um tempo e interrompia. Comecei a revisar as coisas que havia escrito e me dei conta do sentimento de incapacidade e menos-valia, da falta de reciclagens e do trabalho energético que havia abandonado. A partir, daí comecei a trabalhar as energias de forma séria e novamente me comprometi com a autopesquisa e a fazer as reciclagens necessárias. Com isto já notei mudanças para melhor na tenepes.*

A** RECICLAGEM INTRACONSCIENCIAL DO TENEPESSISTA, **POR MEIO DA AUTOPESQUISA E DO DESENVOLVIMENTO BIOENERGÉTICO-PARAPSÍQUICO, É CONDIÇÃO INDISPENSÁVEL À** EVOLUÇÃO E À QUALIFICAÇÃO **ASSISTENCIAL DA TENEPES.

Questionologia. Você, leitor ou leitora, recicla suas posturas estagnadoras? Busca eliminar suas autocorrupções para aumentar o seu nível de assistencialidade?

RECESSOS NA TENEPES
(TENEPESSOLOGIA)

Definição. Os *recessos na tenepes* são períodos em que ocorre a cessação involuntária, geralmente de caráter temporário, das atividades da tenepes.

Sinonímia: 1. Bloqueio da tenepes; tenepes intermitente. 2. Improdutividade na tenepes 3. Interrupções; paralisações; suspensões da tenepes. 4. *Stand by* na tenepes. 5. Acende-apaga na tenepes.

Antonímia: 1. Funcionamento ativo da tenepes. 2. Produtividade na tenepes. 3. Plenitude na tenepes. 4. Assiduidade; continuidade; constância na tenepes. 5. Evolutividade na tenepes.

Caracterização. A tenepes é uma tarefa diária e para o restante da vida humana. Não há férias nela. Não é objeto deste estudo a interrupção permanente ou semipermanente por vontade do tenepessista, mas a condição da interrupção não permanente e involuntária patrocinada por amparador, geralmente por falta de cosmoética do praticante.

Sintomas. Eis, a seguir, listados em ordem alfanumérica, 8 exemplos de sintomas de possíveis recessos na tenepes:

1. **Adormecimento.** Adormecer de modo frequente durante a tenepes.

2. **Afastamento.** Sensação de que o amparador se afastou.

3. **Cessamento.** Sensação íntima de que a tenepes não está mais ocorrendo.

4. **Exteriorização.** Não perceber mais a exteriorização da energia.

5. **Improdutividade.** Sensação de improdutividade da prática.

6. **Ineficácia.** Ausência de resultados assistenciais perceptíveis.

7. **Obnubilação.** Ausência de parapercepções antes existentes.

8. **Sinalética.** Não perceber a sinalética da presença do amparador, antes percebida.

Avaliação. Quando o tenepesssista percebe que a tenepes pode não estar ocorrendo, deve fazer uma avaliação detalhada buscando identificar as possíveis causas.

Causas. Eis a seguir, listados em ordem alfanumérica, 15 exemplos de possíveis causas geradoras de recessos na tenepes:

01. **Anticosmoeticidade.** Deslize em relação à Cosmoética gerando afastamento do amparador.

02. **Assédio.** Sintonia com assediadores e ou guias amauróticos.

03. ***Burnout.*** Estresse continuado no trabalho.

04. **Conflituosidade.** Falta de reconciliação grupocármica.

05. **Descondicionamento.** Falta de condicionamento somático.

06. **Desorganização.** Entropia pessoal e ambiental.

07. **Doença.** Uso de medicação.

08. **Energossomática.** Rigidez energossomática por falta de condicionamento energético.

09. **Estagnação.** Falta de reciclagem intraconsciencial.

10. **Fadiga.** Desgaste físico, chegando sem energia no horário da tenepes.

11. **Inadaptação.** Mudança abrupta e intensa na rotina diária.

12. **Mudança.** Troca de base física.

13. **Recesso.** Recesso patrocinado pelos amparadores.

14. **Sonolência.** Desrespeito à carga de sono habitual, dormindo tarde com desgaste energético.

15. **Trabalho.** Aumento da carga horária de trabalho diário.

Profilaxias. Eis, a seguir, 12 exemplos de profilaxias aos recessos na tenepes listados em ordem alfanumérica:

01. **Atividade.** Atividade física constante e disciplinada.

02. **Autenticidade.** Franqueza com o amparador.

03. **Avaliação.** *Check-ups* médicos periódicos.

04. **Comprometimento.** Responsabilidade assistencial e interesse pela tenepes.

05. **Cosmoética.** Manutenção de conduta de acordo com o código pessoal de Cosmoética (CPC).

06. **Dieta.** Alimentação equilibrada antes da tenepes.

07. **Disciplina.** Rotina disciplinada.

08. **Energoatividade.** Trabalho diário com as energias.

09. **Ortopensenidade.** Pensenidade sadia e assistencial.

10. **Qualificação.** Participação em cursos, pesquisas e estudos sobre tenepes.

11. **Recin.** Autopesquisa e reciclagens constantes.

12. **Repouso.** Respeito à carga horária de sono.

Terapêuticas. Eis, a seguir, listadas, em ordem alfanumérica, 11 sugestões de terapêuticas aos recessos na tenepes já instalados:

01. **Autopesquisa.** Fazer autopesquisa visando reciclagem intraconsciencial.

02. **Causa.** Buscar identificar a causa tão logo perceba que o recesso se instalou, fazendo uma listagem das atividades e ocorrências dos últimos dias.

03. **CPC.** Analisar o cumprimento do código pessoal de Cosmoética (CPC) e fazer as correções necessárias na conduta pessoal.

04. **Descanso.** Mudar a rotina visando estar descansado no horário da tenepes.

05. **Dinâmicas.** Fazer cursos de campo conscienciológicos.

06. **Equilíbrio.** Buscar estabilidade mental e emocional no dia a dia. Manter a higidez pensênica.

07. **Foco.** Focar a atenção na assistência.

08. **Horário.** Mudar o horário da tenepes, se necessário, para outro em que esteja com maior pico de energias.

09. **Persistência.** Manter para o restante da vida humana a prática da tenepes.

10. **Potencialização.** Intensificar o trabalho energético diário, principalmente do estado vibracional.

11. **Priorização.** Organizar o dia pela tenepes.

Fatuística (F.N.A.). *Cosmoética. Ao tentar convencer um amigo sobre a Conscienciologia percebi o acoplamento com consciex que o acompanhava. Ao ir para a tenepes pensei que o amparador a encaminharia imediatamente. Para minha surpresa, percebi por clarividência uma cadeira vazia, indicando a ausência do amparador. Por meio de autopesquisa, ficou evidente que não tinha sido cosmoético de minha parte tentar induzir o amigo sem que o mesmo tivesse demonstrado interesse, inclusive sendo antagônico às ideias, e o amparador não quis compactuar com tal atitude. A situação só se resolveu depois de analisar e compreender a questão cosmoética envolvida e fazer a limpeza de rastros por uma nova conversa.*

O RECESSO NA TENEPES É "CAMPAINHA DE ALERTA" INDICATIVA DA NECESSIDADE DE MUDANÇAS EMBASADAS NA ANÁLISE E NO DISCERNIMENTO, VISANDO À RETOMADA PLENA DA TAREFA INTERASSISTENCIAL.

Questionologia. Você, leitor ou leitora, percebe a falta de verbação no dia a dia limitadora de seu potencial interassistencial durante a tenepes? Assume postura pró-amparador extrafísico de função embasada na Cosmoética autovivenciada?

RETOMADOR DA TENEPES
(RECEXOLOGIA)

Definição. O *retomador da tenepes* é a conscin que, já tendo exercido a tarefa energética pessoal, dela se abdicou, mas opta pela retomada, restabelecendo a parceria com o amparador técnico.

Sinonímia: 1. Retomador assistencial. 2. Reiniciante da tenepes. 3. Ex-minidissidente da tenepes. 4. Interassistencialidade tenepessística recobrada. 5. Reconquista assistencial. 6. Retomador de proéxis.

Antonímia: 1. Abstenção assistencial. 2. Desistente da tenepes. 3. Minidissidente da tenepes. 4. Abdicador de tarefa. 5. Praticante da tenepes. 6. Ofiexista.

Contrafluxo. Na maioria dos casos pesquisados pelo GPC tenepes, a sobrecarga de contrafluxos, tais como defasagens energéticas, assedialidade, crises afetivas, pessoais, profissionais, financeiras, problemas somáticos entre outros, não corretamente enfrentados e superados, podem levar a interrupções da prática da tenepes.

Ponderação. O tenepessista deve buscar meios de continuar a tenepes mesmo sob pressão dos percalços da vida humana, inclusive porque é por meio da tenepes que ele vai superar as crises que por ventura venham a ocorrer. A utilização da técnica da madrugada (BALONA, 2003, p. 92), pode auxiliar na avaliação e direcionamento para solução das crises.

Questionamento. A seguir, listamos 11 sugestões de questionamentos que poderão auxiliar na autopesquisa do tenepessista:

01. **Avaliação.** Estado íntimo antes, durante e depois de praticar a tenepes?

02. **Dificuldade.** Quais são as reais dificuldades na realização da prática?

03. **Homeostase.** Quais técnicas podem ser utilizadas para melhorar o condicionamento holossomático?

04. **Motivação.** Há alguma desmotivação? Qual o valor que você dá para a assistência?

05. **Mudanças.** O que posso fazer de imediato para reverter esta situação?

06. **Objetivos.** Quais são os objetivos evolutivos?

07. **Pesquisa.** Quais temas de pesquisa poderão ajudar a esclarecer dúvidas?

08. **Qualificação.** Quais cursos poderão auxiliar no aprendizado de novas técnicas?

09. **Rebarba.** Ocorre alguma descompensação energética ou emocional mais duradoura após a tenepes?

10. **Traf*a*res.** Que traf*a*res é preciso reciclar para transformá-los em traf*o*r?

11. **Traf*o*res.** Quais os trafores a utilizar para promover a reciclagem desejada?

Foco. Para manter o foco assistencial, o tenepessista precisa saber onde quer chegar e quais são seus objetivos proexológicos.

Profilaxias. Eis, a seguir, listados em ordem alfanumérica, 6 profilaxias que auxiliam o tenepessista para não interromper a tenepes.

1. **Conscienci oterapia.** Buscar auxílio conscienciterápico, o qual fornece ferramentas para o evoluciente continuar a sua autopesquisa.
2. **Dinâmicas.** Participar de dinâmicas, ajudando a explicitar os processos multidimensionais envolvidos, desassédio e desenvolvimento do parapsiquismo.
3. **Voluntariado.** Assumir voluntariado conscienciológico, o que aumenta a amparabilidade.
4. **GPC Tenepes.** Debater em grupo e trocar experiências.
5. **Cursos.** Investir na imersão em cursos de campo ao modo do ECP2, ECP3, Conscin Cobaia, Conscienciometria.

6. **Fóruns.** Participar de encontros com tenepessistas mais veteranos.

Interrupção. Relacionamos, a seguir, em ordem alfanumérica, 16 motivos que poderão ocasionar o desestímulo do tenepessista ou ainda a interrupção da prática da tenepes, caso não sejam identificados e revertidos a tempo:

01. **Adormecimento.** Dormir com frequência durante a realização da tenepes.

02. **Ambiente.** Deixar desorganizado, habitualmente, o ambiente destinado à realização da tenepes. Colocar e manter bagulhos energéticos no local da tenepes.

03. **Autoassédio.** Autoassediar-se com frequência, mantendo atitudes de baixa autoestima.

04. **Autocorrupção.** Sustentar autocorrupções e autossabotagens conscientes.

05. **Bloqueios.** Mobilizar as energias sem continuidade e frequência não alcançando o estado vibracional.

06. **Carência.** Sentir carência sexual e/ou afetiva por longo tempo ocupando espaço mental, comprometendo a pensenidade.

07. **Defasagem.** Continuar com defasagem energética, diariamente, logo após a prática da tenepes.

08. **Desorganização.** Desorganizar-se financeiramente.

09. **Despriorização.** Realizar atividades sem considerar o megafoco proexológico e sem fazer a classificação do que é mais evolutivo naquele momento.

10. **Doença.** Estar com doença grave que impeça a realização da tenepes.

11. **Estagnação.** Conservar atitudes estagnadoras.

12. **Heteroassédio.** Manter assédio cronicificado.

13. **Impontualidade.** Ser desorganizado quanto ao tempo.

14. **Preguiça.** Priorizar o ócio postergando tarefas importantes. Ser sedentário.

15. **Robéxis.** Ser vítima do processo de robotização existencial (robéxis).

16. **Temperatura.** Manter temperaturas inadequadas no ambiente da tenepes.

Retomada. Eis 12 posturas, em ordem alfanumérica, que poderão ser adotadas para auxiliar a retomada da tenepes, permitindo o retorno na condição de minipeça do maximecanismo interassistencial:

01. **Aperfeiçoadora.** Investir em cursos práticos visando o desenvolvimento energossomático.

02. **Autopesquisística.** Fazer autopesquisa para identificar os motivos que levaram à interrupção da prática da tenepes, listando um a um.

03. **Disciplinadora.** Desenvolver e aperfeiçoar os traf*o*res de disciplina e concentração.

04. **Energossomática.** Trabalhar as energias de maneira disciplinada e constante (estado vibracional).

05. **Homeostática.** Exercitar o soma objetivando a saúde holossomática.

06. **Interativa.** Contatar grupos de pesquisas especializadas em tenepes (GPCs, Colégios invisíveis) para esclarecer dúvidas.

07. **Mentalsomática.** Reler o Manual da Tenepes ou outros textos que auxiliem no *rapport* com o holopensene assistencial para sanar possíveis dúvidas.

08. **Organizadora.** Organizar o local intrafísico para a tenepes.

09. **Ortopensênica.** Investir na qualificação pensênica com foco nos ortopensenes.

10. **Otimizadora.** Organizar as atividades do dia a dia com objetivo de otimização do tempo.

11. **Parapsíquica.** Desenvolver o parapsiquismo com identificação de sinaléticas, reconhecendo principalmente quando há aproximação do amparo.

12. **Recicladora.** Promover crises de crescimento com objetivo de fazer recins e recéxis.

Técnicas. Apresentamos, a seguir, 6 técnicas que auxiliarão o retomador da tenepes a reconquistar a parceria que havia sido construída com o amparador:

1. **Sinaléticas.** Fazer registros dos sinais energéticos em planilha contendo dados fixos como: data, horário, local. Esses dados, no futuro, com a repetição e interpretação pessoal, ampliarão a comunicação multidimensional distinguindo a presença do amparador e ratificando a assistência realizada (TORNIERI, 2015, p.242).
2. **Concentração.** Aplicar a técnica da Imobilidade Física Vígil (VIEIRA, 1997, p. 122), que consiste em permanecer imóvel por 3 (três) horas, objetivando o domínio do soma e a concentração mental.
3. **Energossomaticidade.** Buscar o domínio energético praticando a mobilização básica de energias e o estado vibracional e monitorar por meio de planilha de registro.
4. **Planejamento.** Elaborar projeto com foco evolutivo elencando metas e prioridades a serem atingidas, classificando-as em ordem cronológica (curto, médio e longo prazo), mantendo avaliação periódica.
5. **Registro.** Anotar palavras-chave que auxiliem na identificação e registro de pensenes ocorridos no dia a dia e após, analisar o pensene predominante. Ao final do período, verificar para quais reciclagens direcionam esses pensenes.
6. **Reciclagem.** Autopesquisa, autoenfrentamento e reciclagem dos traf*a*res que levam a interromper a tenepes, com consequente autodesassédio.

Fatuística (M.M.). *Haviam transcorridos três anos desde o início da prática da tenepes, em julho de 2005, e percebia que estavam ocorrendo diversos fatores que prejudicavam meu desempenho durante a técnica, tais* *como: adormecer com frequência, devaneios, cansaço físico, "ressaca" energética, baixa lucidez, inquietação, desvio de foco, entre outros. Desanimada, acabei interrompendo a prática. Os questionamentos vieram à tona e iniciei então a autopesquisa, para verificar o que poderia ser feito para retomada, agora em outro patamar, com mais qualificação. A primeira atitude foi ler novamente o Manual da Tenepes, inscrevi-me em curso prático "Laboratório de Técnicas Energéticas" para viabilizar o trabalho energético, procurei o grupo GPC Tenepes para tirar dúvidas e, a partir de 2008, passei a integrá-lo. Também fiz diversos cursos específicos sobre tenepes. Percebi, com o passar do tempo, que poderia ter feito análise dos dificultadores da tenepes, buscando as devidas soluções, sem a necessidade de interrompê-la; foi então que decidi retomar a tarefa assistencial. Passei a registrar com mais cientificidade as percepções por meio de planilha, procurando manter a lucidez e a parceria com o amparador.*

AO RETOMADOR DA TENEPES É IMPRESCINDÍVEL PROFUNDA REFLEXÃO, AUTOENFRENTAMENTO *E RECINS CONTINUADAS,* ***VISANDO*** *RECONSTRUIR A PARCERIA* ***INTERASSISTENCIAL COM O AMPARADOR.***

Questionologia. Você, leitor ou leitora, já analisou quais são os elementos dificultadores para a realização da sua tenepes? Busca soluções para manter em alto nível a conexão com o amparador sem a necessidade de interrupção da tenepes?

MUDANÇA DE AMPARADOR DA TENEPES

(ASSISTENCIOLOGIA)

Definição. A *mudança de amparador da tenepes* é a substituição do amparador técnico extrafísico de função por outro amparador tecnicamente mais qualificado, decorrente da reciclagem intraconsciencial (recin), aprimoramento e especialização da conscin tenepessista, ou de substituição programada extrafisicamente, ampliando suas possibilidades assistenciais.

Sinonímia: 1. Troca técnica de uma consciex amparadora por outra especializada. 2. Remanejamento de consciex amparadora. 3. Substituição funcional extrafísica. 4. Ampliação da capacidade assistencial. 5. Mudança de nível assistencial. 6. Mudança da categoria da amparabilidade.

Antonímia: 1. Manutenção funcional extrafísica. 2. Paralisação assistencial. 3. Ausência de reciclagens na tenepes. 4. Conservação de guia amaurótico na tenepes. 5. Demissão de amparador. 6. Manutenção do amparador da tenepes.

Evolução. A tarefa energética pessoal desenvolve-se dentro de um *crescendum* de qualidade desde que a conscin tenepessista se predisponha a melhorar sempre, visando maior eficácia na assistência.

Repercussões. Por ocasião de grandes acontecimentos na vida intrafísica de uma conscin, as repercussões extrafísicas acontecem paralela e simultaneamente, gerando mudanças e alterações.

Autossuperação. De acordo com o princípio de que o tenepessista é o primeiro assistido, suas dificuldades pessoais podem ser superadas sem prejuízo da qualidade da assistência, inclusive sendo tal superação um catalisador para a evolução assistencial.

Intermissão. No Curso Intermissivo, adquire-se o conhecimento e a combinação prévia da possibilidade de trabalho assistencial em conjunto com determinadas consciências extrafísicas em períodos específicos da futura vida humana.

Substituição. A substituição do amparador da tenepes, seja programada extrafisicamente no Curso Intermissivo ou resultante da evolução do tenepessista, consiste na troca por outro amparador com maior gabarito técnico, tanto em relação ao tenepessista quanto ao amparador anterior.

Sintonia. O novo amparador terá maior conhecimento técnico específico, relacionado à área de atuação à qual a conscin se dedicará, estará sintonizado com as novas necessidades do processo evolutivo e dos desafios que ela enfrentará na etapa de sua proéxis, atuando em conformidade com a nova condição para a qual a conscin se preparou.

Sinalética. Na prática diária da tarefa energética pessoal, o tenepessista se familiariza com a sinalética energética do seu amparador de função. Na troca do amparador, uma das suas primeiras percepções pode ser a mudança dos sinais, parapercebida como uma alteração sutil no reconhecimento de tal sinalética ou algo marcante, completamente diferente dela.

Registro. O hábito sadio do registro tenepessístico, feito diariamente, é ferramenta indispensável para a identificação das diferentes ocorrências na tenepes.

Afinização. São assistidas na tenepes conscins e consciexes afinizadas com o tenepessista, ou seja, aquelas consciências que estejam vivenciando situações semelhantes ou que já as vivenciaram antes. O *rapport* com o tenepessista é elemento atrator consciencial em prol da interassistencialidade.

Motivos. Eis, a seguir, em ordem alfanumérica, 14 possíveis motivos da mudança de amparador da tenepes, associados ao tenepessista:

01. **Bioenergética.** Esforço continuado no trabalho energético, especialmente o estado vibracional, gerando desbloqueios e incremento na capacidade bioenergética.

02. **Comprometimento.** Empenho em atividade que envolva responsabilidade assistencial com maior influência sobre as consciências.

03. **Cosmoética.** Obtenção de patamar mais elevado de compreensão e vivência cosmoética.

04. **Esforço.** Vivência das 23 horas restantes do dia cultivando higidez pensênica de modo a estar apto a oferecer assistencialidade avançada na hora da tenepes.

05. **FEP.** Melhoria do saldo da Ficha Evolutiva Pessoal (FEP).

06. **Holopensene.** Melhoria do holopensene pessoal, eliminando patopensenes.

07. **Intencionalidade.** Melhoria na intencionalidade, almejando propósitos assistenciais universalistas.

08. **Pacificação.** Diminuição do nível pessoal de conflituosidade.

09. **Policarmalidade.** Alteração positiva da conta corrente policármica.

10. **Proéxis.** Realização bem-sucedida de planejamento pretérito extrafísico.

11. **Qualificação.** Capacitação por meio de cursos, estudos, treinamentos, objetivando ampliação da interassistencialidade.

12. **Recins.** Reciclagens significativas dos traf*a*res e traf*a*is, do tenepessista, limitadores da assistencialidade.

13. **Retomada.** Após período de interrupção da tenepes por algum motivo, retomada das tarefas com amparador diferente do primeiro.

14. **Superação.** Recuperação e soerguimento em alto nível, após vivências traumáticas como uma doença grave ou acidente de percurso.

Extrafisicalidade. A mudança de amparador pode ser ocasionada por motivos extrafísicos, não relacionados diretamente ao tenepessista, a exemplo da ressoma do amparador.

Repercussões. Eis, listados em ordem alfanumérica, 21 possíveis repercussões associadas à mudança de amparador da tenepes:

01. **Abrangência.** Ampliação da abrangência da assistência através do recebimento de pedidos de assistência de locais distantes.

02. **Amparabilidade.** Atuação mais ostensiva do amparador.

03. **Assistido.** Mudança do público assistido, seja em quantidade, seja em nível de patologia.

04. **Campo.** Troca do padrão energético e do tipo de campo energético instalado, inclusive em peculiaridades como densidade, temperatura, intensidade e amplitude.

05. **Complexidade.** Aprofundamento no nível da assistência com atendimento a consciências com patologias graves.

06. **Conduta.** O comportamento do tenepessista torna-se mais mentalsomático, centrado, homeostático e ao mesmo tempo acolhedor, atuando cada vez mais como assistente lúcido.

07. **Cosmoética.** Ampliação da vivência da Cosmoética mais avançada percebida na atuação conjunta com o amparador.

08. **Desembaraço.** Assistência ao grupocarma, "desatando nós" e resolvendo questões pendentes, ampliando as possibilidades de atuação cada vez mais em nível de policarma.

09. **Entrosamento.** Decodificação da informação entre amparador e tenepessista, a qual, inicialmente, pode ser mais difícil e o entrosamento leva algum tempo, percebendo-se dificuldade no acoplamento, na semipossessão benigna, na sincronização dos fluxos energéticos e na comunicação extrafísica.

10. **Epicentrismo.** Aumento da força presencial e do nível de epicentrismo.

11. **Especificidade.** Maior individualização de cada assistência, sendo o novo amparador mais específico nos atendimentos.

12. **Grupalidade.** Chegada de consciências portadoras de patologias similares entre si para serem resgatadas e assistidas em grupo.

13. **Iscagem.** Incremento nos processos de iscagem assistencial lúcida a qualquer hora do dia.

14. **Lucidez.** Aumento da lucidez, da percepção e da acuidade.

15. **Maturidade.** Aumento do nível de maturidade.

16. **Pedidos.** Aumento da quantidade dos pedidos de tenepes recebidos.

17. **Projetabilidade.** Ocorrência de projeções com o novo amparador acertando os detalhes da nova parceria assistencial.

18. **Responsabilidade.** Propensão a assumir tarefas mais difíceis com responsabilidade crescente.

19. **Sinalética.** Aprimoramento da sinalética energética pessoal.

20. **Tares.** Maior ênfase na execução da tares em relação à tacon.

21. **Treinamento.** Aprendizado em conjunto na interassistencialidade.

Maximecanismo. No maximecanismo, a troca de amparador representa a mudança da peça extrafísica decorrente da transformação da peça intrafísica. A substituição é programada extrafisicamente em sintonia com o momento evolutivo.

Evidenciação. Há uma evolução na prática da tenepes que coloca em evidência a necessidade de recins e de maior lucidez do tenepessista para que os fatos que limitam a assistência não passem despercebidos.

Achados. As pesquisas realizadas indicaram a ocorrência da mudança de amparador entre os membros do grupo. Tal substituição notou-se positiva e indicadora da evolução dos trabalhos assistenciais e do próprio tenepessista. Para tanto, foi indispensável a dedicação do tenepessista com referência às próprias reciclagens intraconscienciais, bem como sua qualificação constante para que ocorresse o *crescendum* evolutivo da prática da tenepes.

Constatação. Pesquisar o tema levou os autores ao aumento da percepção dos fatos e parafatos envolvidos no processo de mudança do amparador e à plausibilidade da hipótese de que o tenepessista, ao longo do desenvolvimento das suas tarefas assistenciais, passa pela mudança de amparador, mais cedo ou mais tarde.

Responsabilidade. Os participantes do GPC Tenepes, Porto Alegre, concluem que estudar a mudança de amparador os conduziu ao incremento da lucidez a respeito da responsabilidade da qualificação assistencial do tenepessista.

Fatuística (I.R.S.) (2011). *Depois de trabalhar as energias, projetei-me com lucidez no horário da tenepes. Encontrei-me em um ambiente, conversando com uma conscin conhecida, também projetada, e vi que ela* *estava acoplada com uma consciex que foi aparecendo de corpo inteiro. Comecei a falar com ela, esclarecendo-a fraternalmente. Percebi que minha voz acoplada com o amparador saía com dificuldade.*

O sentimento fraterno estendeu-se num crescendum, fluindo com esforço e determinação, afirmando para a consciência o quanto ela era importante e única dentro do universo. Mediante essa afirmativa da força presencial, a consciex ergueu-se e comecei a perceber que a voz não era minha. Diante da dificuldade de expressão dei-me conta da mudança de amparador. Já havia percebido tais diferenças, mas sem relacionar com a troca.

Voltei ao soma, refletindo, relembrei outros eventos projetivos em que ele já estava atuando com as seguintes características: só mostrava sua silhueta a distância; percebi que sua estatura é média e atarracada com braços e mãos fortes; a comunicação era por ideia ou apontando com o seu dedo indicador o que eu deveria fazer e eu compreendia claramente. Sua seriedade profunda, contagiante, trazia-me a ideia de retidão. Assim entendendo a dificuldade de entrosamento, veio a ideia, "vai melhorar".

Com o passar do tempo, fui percebendo a melhora no acoplamento. Sua voz serena, acolhedora, confiante e a sua seriedade me fez compreender a profundidade do trabalho assistencial de auxílio às consciências patológicas.

A MUDANÇA DO AMPARADOR NA TENEPES É** RESULTADO **ADVINDO DE** RECICLAGENS INTRACONSCIENCIAIS, **DO AUMENTO DA** RESPONSABILIDADE GRUPAL **E** AUTOEVOLUÇÃO **NA TEÁTICA DA INTERASSISTENCIALIDADE AVANÇADA.

Questionologia. Você, leitor ou leitora, já percebe as características do amparador da tenepes? Já percebeu alguma mudança ao longo da sua vivência?

INTERAÇÃO TENEPES E PROFISSÃO

(PROEXOLOGIA)

Definição. A *interação tenepes e profissão* é a sinergia existente entre a prática da tenepes e a profissão exercida pelo tenepessista.

Sinonímia: 1. Potencialização mútua tenepes-profissão. 2. Interassistencialidade profissional. 3. Sinergia profissão-tenepes. 4. Sincronia profissão-tenepes.

Antonímia: 1. Desalinhamento entre profissão e tenepes. 2. Antagonismo tenepes-profissão. 3. Incompatibilidade tenepes-profissão. 4. Dissintonia tenepes-profissão.

Proéxis. O tenepessista, ao fazer a análise da própria vida, percebe o quanto a sua profissão está relacionada com a proéxis e como a tenepes potencializa a efetivação desta. A profissão é palco propício para a interassistencialidade.

Importância. É relevante priorizar o trabalho profissional para o tenepessista garantir a independência econômica, a autonomia de vida, viabilizar a prática da tenepes, favorecer a realização da tarefa do esclarecimento e oportunizar liberdade de expressão de ideias avançadas.

Interprisão. O desassédio e a assistência promovidos na tenepes colaboram para a eliminação da interprisão frequentemente associada à própria profissão, gerando oportunidades de acerto grupocármico.

Escolha. A profissão pode ser escolhida durante o *Curso Intermissivo* e preparada junto aos amparadores e sob a orientação do evoluciólogo. A profissão é parte integrante da proéxis, assim como a tenepes.

Motivação. O ideal é conjugar satisfação íntima, convivialidade sadia, produtividade, contínuo crescimento profissional e pessoal, dentro do *trinômio motivação-trabalho-lazer*. Ter a lucidez de que a satisfação profissional envolve, além do salário, prazer pelas tarefas que são desenvolvidas.

Considerações. Sugere-se ao tenepessista, durante a escolha da profissão, considerar os 6 itens listados a seguir em ordem alfanumérica:

1. **Ambiente.** O ambiente positivo de atuação profissional.
2. **Cosmoética.** O Código Pessoal de Cosmoética (CPC) e o Código Grupal de Cosmoética (CGC).
3. **Holopensene.** O holopensene homeostático da profissão.
4. **Potencial.** O potencial assistencial da profissão exercida.
5. **Proéxis.** O alinhamento da profissão com o *curso intermissivo* e a *proéxis*.
6. **Vínculos.** Os vínculos interconscienciais favorecedores da evolutividade grupal criados durante a atividade profissional.

Conexão. A convivência no local de trabalho possibilita a conexão com maior número de consciências, independente da função exercida, tornando o exercício profissional uma oportunidade para ampliar e melhorar o nível da assistência prestada, servindo como uma antecâmara da tenepes.

Arrimo. O tenepessista, na condição de empreendedor, funciona como arrimo consciencial e conscin atratora, trazendo a reboque uma série de melhorias no ambiente de trabalho.

Materpensene. O materpensene profissional pessoal relaciona-se com a iscagem de consciências a serem assistidas na tenepes e, quando positivo, apresenta evidente sinergismo.

Megafoco. O megafoco obtido com a profissão exercida há muitas vidas humanas, dentro do histórico holobiográfico do tenepessista, relaciona-se diretamente com as especialidades na tenepes e as consciências que serão assistidas ao modo destas 7 listadas em ordem alfanumérica:

1. **Agricultura.** Agrônomo – agricultores.
2. **Autorado.** Escritor – leitores.
3. **Comércio.** Comerciante – freguesia.
4. **Direito.** Advogado – clientes.
5. **Docência.** Professor – aluno.
6. **Profissionais.** Contador, engenheiro, arquiteto – clientes.
7. **Saúde.** Médico, psicólogo – pacientes.

Amparador. A escolha da profissão pelo tenepessista pode implicar na mudança de amparador, técnico e especializado, em consonância com a profissão escolhida.

Sustentabilidade. O domínio energético é fundamental na sustentabilidade de qualquer empreendimento. A prática das técnicas de acoplamento/desacoplamento, de assimilação/desassimilação e das iscagens lúcidas, torna-se ferramenta útil no dia a dia do tenepessista.

Manutenção. A sustentação do holopensene assistencial no ambiente profissional exige visão multidimensional, compreensão do nível evolutivo das consciências envolvidas, intencionalidade sadia, buscando a interassistência grupal.

Afinidade. As profissões aproximam e interassistem os colegas profissionais egressos de comunidades extrafísicas afins e vidas humanas prévias relacionadas à mesma atividade profissional.

Ambiguidade. As associações profissionais ambiguamente podem funcionar tanto como locais de interassistência e liberação, como de corporativismo com defesa exclusiva dos seus próprios interesses e consequente interprisão.

Carreira. A carreira exitosa tem como balizador a assistência prestada aliada à renumeração obtida, visando à execução da proéxis. A fama e reconhecimento são vistos como secundários para o tenepessista.

Cosmoética. A Cosmoética do tenepessista atua além do código de ética profissional. Dentro do leque de oportunidades para o exercício profissional, o tenepessista exclui atividades em desacordo com o seu código pessoal de Cosmoética.

Autoparapsiquismo. A consciência com discernimento passa a levar em consideração a importância da inclusão parapsíquica no currículo particular e profissional. A aceleração da evolução, associada às reurbanizações extrafísicas, requer profissionais automotivados e preparados para a interassistência avançada.

Colegas. A afinização com o amparador de função, técnico da atividade, amplia a assistência aos colegas de profissão, aumentando a representatividade perante o grupo profissional.

Assistência. O sinergismo *sensibilidade parapsíquica-reciclagem profissional* propicia a interação com a equipe extrafísica e incrementa a interassistencialidade avançada, no dia a dia do profissional.

Amparador. O amparador de função atua extrafisicamente nos contextos profissionais, inclusive na profilaxia de dificuldades e emperramentos na solução das questões profissionais. É importante que o tenepessista esteja disponível para a assistência e aberto parapsiquicamente para captar informações. Para tanto sugere-se priorizar as 11 atitudes, listadas a seguir em ordem alfanumérica:

01. **Autenticidade.** A sinceridade e transparência nas atitudes e posturas.

02. **Auto-organização.** A organização pessoal visando eficácia na assistência.

03. **Humor.** O bom humor como indicador da saúde consciencial.

04. **Cosmoética.** A vivência do código pessoal de cosmoética.

05. **Energoativação.** O domínio energético pró-assistencialidade.

06. **Fraternismo.** O interesse na solução das dificuldades alheias

07. **Ortopensenidade.** A manutenção da pensenidade sadia.

08. **Reciclagem.** A aprendizagem constante.

09. **Rotina.** As rotinas úteis aliadas a hábitos saudáveis.

10. **Sinalética.** A sinalética energética pessoal decodificada.

11. **Universalismo.** O despojamento e disponibilidade para assistir qualquer consciência.

Reciclagem. A tenepes auxilia na necessária qualificação e organização para que a conscin, quando mal resolvida profissionalmente, promova autorreciclagens por intermédio do autoaprimoramento constante, gerando competência profissional e resultados positivos para os envolvidos.

Atecnia. O desregramento e o antiprofissionalismo da conscin avessa à tecnicidade atua como atravancador da proéxis e da realização sadia da tenepes. A lei do menor esforço deve ser substituída pela lei do maior esforço em prol da obtenção de resultados profissionais evolutivos.

Mudança. A área profissional pode mudar ao longo da prática da tenepes, favorecendo a consolidação do holopensene assistencial do tenepessista.

Ética. Os efeitos das displicências profissionais ficam evidentes para o tenepessista, ampliando a percepção da importância do cotejo entre o Código Pessoal de Cosmoética (CPC) e o código de ética profissional.

Veteranas. As consciências veteranas, que atuam há mais tempo em determinada profissão e se dispõem a fazer tenepes, podem reavaliar a sua profissão e o nível da assistência prestada. Para aferir o nível de assistência conquistada profissionalmente, sugere-se observar os resultados cosmoéticos, interassistenciais e a satisfação íntima obtida.

Profilaxia. A profilaxia planejada, com correção imediata das falhas e equívocos profissionais cometidos, assumindo o erro e reciclando as posturas imaturas, limpam os rastros antievolutivos.

Atitudes. Sugerimos a leitura sobre as atitudes antitenepes nas profissões listadas no livro Autenticidade Consciencial (v. Musskopf, Tony; Autenticidade Consciencial; p. 130).

Fatuística 1 (J.M.). *Em minha profissão de médica, trabalhando no intrafísico, procuro manter-me conectada com o amparador. Ao me aproximar-me de alguns pacientes, meus palmochacras ficam ativados e o frontochacra se expande durante o exame clínico. Dessa forma, consigo fazer a heteroscopia no paciente ou, por clarividência, posso chegar ao diagnóstico preciso.*

Fatuística 2 (J.M.). *Na tenepes, algumas vezes, o rapport com os assistidos pode se instalar imediatamente ao receber os pedidos. Como exemplo, recebi, antes da tenepes, um telefonema, no qual foi solicitada uma assistência emergencial, por se tratar de uma urgência. A solicitação de assistência era para um menino do qual eu nada sabia.*

Imediatamente relaxei e iniciei a exteriorização com fluxos de energia muito intensos estando com a sinalética energética ativada durante todo o processo. De início, percebi por clarividência que o menino era um recém-nascido e que, naquele momento, durante a realização de um procedimento médico, teve uma parada cardiorrespiratória.

Meu ímpeto como médica seria de rapidamente entubá-lo para ajudar no atendimento. A sinalética energética intensificou-se e o amparador me disse: "vamos atendê-lo sim, mas que seja o melhor para ele". Esses fatos e o timing foram confirmados pela mãe do menino pouco tempo depois. Ele dessomou com 48 horas de vida.

Fatuística 3 (J.M.). *Recebi um pedido de tenepes de uma colega, na saída da reunião do GPC Tenepes. A percepção é de que o papel foi ficando quente em minha mão, com muita energia. Tive então a certeza da urgência dessa conscin. Em casa, antes da tenepes, li o pedido e o motivo da solicitação era uma pós-encefalite por herpes. Ao colocá-lo na caixa dos pedidos, vi, na tela mental, um rosto de menino com olhos grandes, verdes, com face de sofrimento, perturbado e ao mesmo tempo pedindo socorro.*

No meu entendimento, esses papéis de pedidos de tenepes representam consciências, na maioria das vezes fragilizadas, desorganizadas no seu microuniverso consciencial e em sofrimento. Durante mais ou menos um mês, seguidamente o menino aparecia no campo da tenepes, acompanhado por seu amparador. Ao energizá-lo, sentia muito afeto por ele: era um menino de personalidade dócil, de bons sentimentos, e estava passando por um momento de muito desequilíbrio.

Em outra seção de tenepes em que ele apareceu, perguntei ao amparador o que podia fazer para ajudá-lo mais. Sugeriu buscar notícias dele. Ao encontrar novamente minha colega, perguntei pelo menino. Falou-me que ele estava apresentando distúrbio de comportamento, com dificuldades de aprendizado, e que sua mãe não estava sabendo lidar com isso.

Ele estava se tratando com uma psicóloga e tomando Ritalina. Nesse momento, a sinalética energética parapsíquica se instalou muito fortemente e o amparador me disse: "Chegou a tua vez de agir". Prontifiquei-me a ajudá-lo e informei que marcaria consulta com uma neuropediatra. No dia marcado para a consulta, passei algumas informações oriundas do meu parapsiquismo para minha colega sobre o paciente. Falei a ela que eu o conhecia por meio do parapsiquismo e que, por esse motivo, sabia que ela era a pessoa que o ajudaria.

Durante essa conversa, notei por intermédio da clarividência o amparador do menino acoplando com ela que, naquele momento, reagiu com tremor e disse: "Nossa! Estou toda arrepiada". Perto das 11 horas, reencontrei com essa colega que, sorrindo, me disse que a consulta daquele menino havia valido pelos anos de profissão. Havia sido muito gratificante atender aquele paciente e que o vínculo afetivo que ocorreu entre eles foi imediato. Informou-me que as alterações de comportamento que ele apresentava eram, na verdade, crises convulsivas.

O TENEPESSISTA, AO VIVENCIAR LUCIDAMENTE A MULTIDIMENSIONALIDADE NO COTIDIANO PROFISSIONAL, ATUA SIMULTANEAMENTE NA *QUALIFICAÇÃO INTERASSISTENCIAL* ***E NO*** *APRIMORAMENTO PROFISSIONAL.*

Questionologia. Você, leitor ou leitora, possui rotina profissional com espaço para assistências emergenciais? Já admite a sua profissão como atratora para a interassistencialidade? Qual o seu nível de especialismo tenepessístico?

EFEITO HALO DA TENEPES
(PROXÊMICA)

Definição. O *efeito halo da tenepes* é a repercussão da força de atuação da tenepes além da base geográfica, alcançando áreas adjacentes na instalação do holopensene assistencial, abrangendo também a contraparte extrafísica, parageográfica ou paraterritorialidade específica.

Sinonímia: 1. Proxêmica da tenepes. 2. Efeitos da tenepes no ambiente próximo. 3. Extensão da tenepes. 4. Parageopolítica desassediadora. 5. Ressonância do holopensene da tenepes. 6. Distrito, jurisdição, região da tenepes.

Antonímia: 1. Anulação da força da tenepes. 2. Contenção da tenepes. 3. Subjugação do holopensene da tenepes. 4. Autoencapsulamento. 5. Holopensene assistencial débil. 6. Campo energético restrito.

Abrangência. Na experiência dos tenepessistas do GPC Tenepes Porto Alegre, percebeu-se a ocorrência de melhoria ambiental acentuada em locais próximos à base física dos tenepessistas, variando desde restrita ao ambiente doméstico até expandida para o bairro inteiro.

Melhorias. Perceberam-se reurbanizações no entorno da base física da tenepes, tais como criação de parques, arborizações e reformas. O holopensene do tenepessista e de seus familiares mudou para melhor e, proporcionalmente, aumentou a autoconscientização interassistencial.

Desassédio. Percebeu-se a minimização da influência de assédios locais antes frequentes com diminuição das brigas domésticas e conflitos interpessoais.

Campo. A qualificação do praticante tem impacto direto no campo interassistencial da tenepes, bem como sua influência no entorno, podendo estar restrita à proximidade do soma do tenepessista ou estender-se a ambientes mais abrangentes.

Pseudópodes. Uma característica do campo assistencial é a emissão temporária de pseudópodes que podem se deslocar até o assistido. A ampliação geográfica dos pedidos de tenepes pode ser indicativa dessa expansão.

Sinergia. Há um processo de colaboração energética conjunta e entrosada que ajuda na sustentação do processo assistencial. Todos os seres vivos próximos ao tenepessista podem contribuir energeticamente de maneira indireta na tenepes.

Residência. A mudança da base física do tenepessista no primeiro momento impacta o padrão energético local, o que pode gerar crises de crescimento nas conscins e consciexes da nova região, as quais após superadas, contribuem para harmonização do ambiente. Após algum tempo, ao assentarem-se as bases da tenepes, o holopensene interassistencial, energeticamente mais forte, irá qualificar ou até mesmo suplantar o holopensene existente.

Ocorrências. Eis, em ordem alfanumérica, 12 ocorrências percebidas pelos autores no entorno da tenepes:

01. **Afinidade.** A prática continuada da tenepes pode provocar a saída de consciências incompatíveis das proximidades do campo energético interassistencial instalado e a entrada de outras consciências mais afinizadas com esse campo. Esse é o impacto inicial do efeito *halo* da tenepes.

02. **Alertas.** *Insights* fornecidos por parte do amparador, visando à prevenção de acidentes ou situações difíceis próximas, bem como indicações de como agir nesses casos.

03. **Animais.** Aproximação de animais, os quais se sentem seguros, e de pessoas interessadas no zelo e cuidado com os sub-humanos, à residência do tenepessista, caracterizando um ambiente de zooconvivialidade ampliada e sadia.

04. **Arborização.** Aumento de variadas espécies vegetais no ambiente próximo, bem como maior energização e desenvolvimento das plantas já existentes (Fitoconvivialidade ampliada e sadia).

05. **Arrimo.** Obtenção de maior equilíbrio e organização financeira por parte do tenepessista, refletindo nas pessoas próximas, dando segurança e passando a assumir a condição de arrimo assistencial.

06. **Bem-estar.** Relatos frequentes advindos de visitantes acerca da sensação de bem-estar e tranquilidade ao adentrar a residência do tenepessista, eventualmente manifestando interesse de mudar-se para local próximo. As pessoas que vieram dormir no ambiente doméstico do tenepessista tiveram sono mais tranquilo e reparador ou potencialização das parapercepções.

07. **Epicentrismo.** Assistência direta a clientes e colegas de profissão em eventuais visitas a residência do tenepessista, resultando em melhoria da condição energética destes. Ampliação da sinergia tenepes-profissão nas interrelações.

08. **Equilíbrio.** Superação de momentos difíceis, como doenças na família, de forma inesperada, com estabilização pessoal e familiar.

09. **Reurbanização.** Vivência de projeções conscientes do tenepessista junto aos amparadores, auxiliando nas reurbanizações extrafísicas das proximidades, ocasionando diminuição de furtos e roubos no bairro devido ao desassédio realizado nas projeções assistenciais.

10. **Saúde.** Reurbanização de praça próxima à base física com circulação de pessoas interessadas em saúde, praticando ginástica e caminhadas. Holopensene de cuidado com a saúde e melhoria da qualidade de vida.

11. **Segurança.** Os moradores da base física do tenepessista têm sensação de segurança e proteção extrafísica constantes. Paradoxalmente, o tenepessista tem inspiração para investimento em segurança, com instalação de alarmes e grades.

12. **Sincronicidades.** Ampliação de sincronicidades relacionadas à assistência na região da atuação.

Fatuística 1 (I.R.S.) (2004). *Às 2 horas e 55 minutos entrei no quarto da tenepes. O trabalho foi intenso e pouco tempo permaneci lúcida no soma. A descoincidência dos veículos ocorria com dificuldade, até que apaguei.*

Recuperei a lucidez, estando situada extrafisicamente no apartamento de uma amiga. Perguntei por ela e, de repente, ela apareceu. Ficamos sentadas conversando. Tenho vaga lembrança de que falava nos aprofundamentos dos estudos, mas percebi que na verdade estava fazendo uma pesquisa sobre minha tenepes. Fui até a cozinha e peguei um copo para beber água da torneira. A água estava turva e quente, indicando sujeira no ambiente. Então pedi à empregada que gelasse um pouco a água, misturando-a com a da geladeira. Sempre que chego ao apartamento dessa amiga, costumo pedir água gelada misturada com água da torneira.

Depois percebi que estava na esquina do prédio onde ela mora e vi um casal passar por mim. Os dois estavam de mãos dadas e fiquei observando que a moça usava roupas transparentes na parte da frente do corpo e fiquei intrigada. Depois encontrei-me na parada do ônibus. Olhei para a esquina e vi uma vassoura, que era feita de palha de cor amarela e com uma fita vermelha no cabo. Parecia com aquelas de antigamente. Senti necessidade de voltar para pegá-la.

Quando a vassoura aparece nas minhas projeções, mescladas com onirismo, geralmente significa que é para limpar algo. Em seguida retornei para o soma, surpreendi-me de estar ali sentada na cadeira. O trabalho energético, como ficou durante a projeção? Então, observei as minhas mãos e tive a sensação de estarem rígidas. Esse é o processo de quando estou trabalhando na tenepes, mas logo cessou e senti a suavidade característica do término do acoplamento.

Possível confirmação posterior: No dia seguinte, 15 de novembro de 2004, esta amiga que relatei anteriormente, ligou-me e eu falei a respeito da projeção, ela, na terça-feira, 16, pediu-me para ir até lá. Contou-me o que houve no dia 14 de novembro de 2004, às 3 horas da madrugada, bem no horário em que eu estava projetada no apartamento dela. Falou-me sobre o roubo que ocorreu no prédio, quando teve os seus dois carros arrombados e tudo foi levado. O casal chegou a ouvir o disparo do alarme, mas foi rápido e logo silenciou e então eles voltaram a dormir.

Concluí que de alguma forma auxiliei extrafisicamente na limpeza energética e desassédio daquele ambiente, pois aquela rua que eu percorri projetada tem histórico de vários assaltos e roubos de carros. Após esse evento, soube que houve uma redução na criminalidade da região.

Fatuística 2 (F.N.A.). *Ao mudar para a casa recém-construída e ainda inacabada, a primeira coisa que havia decidido era iniciar a técnica da tenepes desde o primeiro dia.*

Ao longo dos anos, com a aplicação da prática da tenepes, a residência e o entorno dessa foram se qualificando. Uma praça que havia em frente, antes era vazia e mal frequentada, se tornou um dos locais bonitos da cidade, frequentado por famílias que ali se sentem bem. Tornou-se também palco de atividades físicas saudáveis, como caminhadas.

Uma das hipóteses que levanto é de que a prática continuada da tenepes tenha auxiliado nessas melhorias ambientais.

O *EFEITO HALO DA TENEPES* ***É INDICADOR DA*** *AMPLITUDE E QUALIDADE* ***DA ASSISTÊNCIA PRESTADA E O INVESTIMENTO NA SUA AMPLIAÇÃO AUXILIA NO DESENVOLVIMENTO DO EPICENTRISMO LÚCIDO.***

Questionologia. Você, leitor ou leitora, já percebe a influência do efeito halo da tenepes no entorno da sua base física? Já percebe os benefícios desse efeito?

TENEPES EM VIAGENS
(EXPERIMENTOLOGIA)

Definição. A *tenepes em viagens* é a realização da tarefa tenepessística em local distante da base física usual, de caráter temporário, excepcional, durante os deslocamentos eventuais do tenepessista.

Sinonímia: 1. Itinerância do tenepessista. 2. Deslocamento do tenepessista. 3. Tenepes móvel. 4. *Dock station* da tenepes.5. Tenepes em trânsito.

Antonímia: 1. Tenepes fixa. 2. Tenepes radicada. 3. Tenepes sem deslocamento. 4. *Work station* da tenepes. 5. Ofiex.

Restrição. O ideal é o tenepessista restringir as suas viagens ao mínimo necessário devido à complexidade da tarefa assistencial com a qual o mesmo está comprometido, otimizando o trabalho dos amparadores.

Itinerância. As itinerâncias, tanto em viagens de fins culturais, lazer, profissionais quanto em caráter assistencial, a exemplo da docência conscienciológica, são comuns ao longo da vida humana e muito amparadas quando há assistência envolvida.

Oportunidades. O tenepessista, por meio do comprometimento interassistencial, busca, a partir do autoexemplo, modificar para melhor todos os ambientes por onde passa. As viagens, nesses casos, podem oferecer relevantes oportunidades assistenciais.

Continuidade. O ideal é durante as viagens dar continuidade à prática da tenepes, inclusive mantendo o mesmo horário.

Iniciante. Na *fase inicial da tenepes*, recomenda-se restringir as viagens ao mínimo necessário e se possível evitá-las devido à instalação, ainda primária, do holopensene assistencial.

Conexão. O ideal é o tenepessista manter conexão com o holopensene interassistencial, mesmo em viagens para fins de lazer, a partir da sustentação da afinidade pensênica com ao amparo de função. O tenepessista não tira férias da tenepes.

Iscagens. Uma ocorrência comum é o aumento de iscagens extrafísicas ao longo do dia, principalmente em visitação a locais turísticos ou relacionados a contextos históricos.

Evolução. A evolução da tenepes rumo à ofiex requer a diminuição da frequência das viagens.

Medidas. Eis, a seguir, 9 medidas otimizadoras visando à realização da tenepes em viagens, relacionadas em ordem cronológica:

1. **EV.** Vivenciar o estado vibracional profilático no dia a dia.
2. **Planejamento.** Planejar previamente os detalhes da viagem, tais como meio de transporte, hospedagem, companhias, visando poder praticar a tenepes durante o período da viagem.
3. **Horários.** Organizar horários de viagem com antecipação, evitando acidentes de percurso. Manter o horário normal da prática com adequação ao fuso horário local.
4. **Afinidades.** Avaliar as oportunidades de retratação, intercompreensão e interassistência promovidas pelo encontro com consciências com as quais apresenta afinidades ou repelências evidentes.
5. **Psicometria.** Trabalhar com energias horas antes da tenepes auxilia o tenepessista a determinar o local de poder, ponto de maior concentração energética no ambiente, para realização da tarefa. Também é possível identificar bagulhos energéticos até então despercebidos ou mesmo escondidos, atividade comum em certos quartos de hotel.
6. **Local.** Escolher ambiente adequado para a prática e prepará-lo com a remoção de bagulhos energéticos.
7. **Preparo.** Reservar o hotel com antecedência, pois, desde o momento da reserva, os amparadores começam a preparar o ambiente para a tenepes, podendo, inclusive, influenciar no processo da escolha do hotel.
8. **Privacidade.** Prevenir o trânsito de pessoas capazes de gerar ruídos, até mesmo interrupções informando aos parceiros de viagem da necessidade de isolamento.

9. **Sinalética.** Investir na percepção da sinalética, especialmente da presença do amparador.

Extrapolações. Devido à necessidade assistencial de cada local, muitas vezes pode haver extrapolações paraperceptivas, energéticas ou de outras naturezas durante as viagens, demostrando ao tenepessista sua atuação como médico multidimensional itinerante.

Divulgação. Realizando a tenepes em viagens mais longas, como por exemplo, de 7 a 15 dias, pode-se notar um crescendo no número de consciexes sendo atendidas, podendo ter como hipótese, além da potencialização do holopensene assistencial, haver um tipo de exposição extrafísica, com consciexes atendidas no *ambulatório extrafísico temporário* instalado pelo amparador.

Blindagem. A blindagem do quarto de dormir e do quarto da tenepes, geralmente o mesmo ambiente em viagens mais curtas, é providência *sine qua non* para a prática assistencial.

Diversidade. Devido à diversidade de holopensenes, culturas e do local onde a tarefa pode ser realizada, existem diversas repercussões extrafísicas passíveis de acontecerem durante a prática da tenepes em viagens. Eis listagem, com 11 ocorrências percebidas pelos autores, ordenadas em ordem alfanumérica:

01. **Ambientex.** O holopensene instalado na base física serve como ponto de fixação e permite a realização da tarefa assistencial em alto nível mesmo em locais distantes. Pode ocorrer clarividência do ambiente da base física *usual* da tenepes, facilitando o *rapport* com estas energias.

02. **Assins.** Os contatos realizados durante a viagem podem gerar intensificação das iscagens extrafísicas e assimilações simpáticas.

03. **Choque.** O choque holopensênico entre o ambiente saudável, pró-evolutivo, libertário da tenepes e os idiotismos culturais locais. As consciexes assistidas, muitas vezes, identificam a possibilidade de *pensar de outra maneira* com relação aos valores antiquados.

04. **Clarividências.** Clarividências locais e viajoras com pararpercepção de ambientes visitados durante o dia, rosto das pessoas en-

contradas, entre outras. O *rapport* com o local potencializa a possibilidade de atuar como minipeça assistencial.

05. **Especialismo.** A estrutura holossomática e a para-história pessoal em vida pregressa no local visitado podem qualificar e potencializar a doação energética e a assistência.

06. **Holopensenes.** Repercussões da imersão em um holopensene diferente podem exigir esforço para manutenção da lucidez e higidez pensênica por parte do tenepessista.

07. **Infiltrado.** O trabalho da tenepes no local da hospedagem, aparentemente favorável e tranquilo, pode revelar-se extrafisicamente conturbado devido à condição do tenepessista ser elemento estranho, infiltrado naquele ambiente, e exigir maiores esforços por parte do tenepessista e do amparador.

08. **Localização.** A localização intrafísica da tenepes não significa coincidência com a localização extrafísica da assistência. Pode ocorrer a doação de energias para locais remotos, distantes da base física.

09. **Pós-viagem.** Mesmo ao retornar da viagem, o tenepessista pode perceber consciexes ligadas aos locais visitados. A viagem pode servir como amplificador da rede assistencial.

10. **Pressão.** Apesar de eventuais pressões extrafísicas intensas durante a viagem, é importante a sustentação do foco assistencial e da condição de minipeça vinculada ao maximecanismo assistencial.

11. ***Rapport.*** O *rapport* pessoal em determinado local/país pode significar mais doação e responsabilidade com consequente intensificação da doação energética durante a tenepes.

Produtividade. As viagens, quando com foco interassistencial, tornam-se melhores e mais produtivas e os amparadores aproveitam para auxiliar no que podem, inclusive trazendo para perto do tenepessista pessoas e situações que envolvem assistência.

Constatação. Percebe-se que a tenepes pode ocorrer normalmente em viagens, mesmo em locais adaptados, algumas vezes até com maior intensidade, devido à necessidade de assistência ou limpezas do local.

Inviabilidade. Existem locais em que a prática da tenepes não é indicada. Eis uma lista de 6 contraindicações percebidas pelos autores, listadas em ordem alfanumérica:

1. **Antagonismo.** Hospedagem em local de propriedade de pessoas religiosas francamente antagônicas às tarefas assistenciais de base consciencial.
2. **Bagulhos.** Ambiente com diversos bagulhos energéticos os quais não podem ser removidos do local.
3. **Companhia.** A impossibilidade de ficar sozinho intrafisicamente durante a tenepes.
4. **Extenuação.** A carga de atividades durante a viagem exaurindo física e energeticamente o tenepessista.
5. **Horários.** Quando os horários das atividades ligadas à viagem não permitirem a execução da prática.
6. **Mudanças.** Quando ocorrer trocas frequentes de locais, inclusive cidades durante a viagem.

Fatuística (F.N.A.). *Eis 8 fatuísticas de integrante do GPC Tenepes, da realização de tenepes em viagens e suas características, listadas em ordem alfanumérica:*

*1. **Amigos.** A tenepes realizada em casa de amigos com percepção da influência do holopensene familiar e das consciexes que acompanham os moradores exigiu respeito e discrição ainda maior de parte do tenepessista.*

*2. **Exterior.** Em viagens ao exterior, com resgate de processos antigos de vivências do próprio tenepessista na região, percebeu-se vínculo maior com o amparador de função e a percepção de paradiálogos na língua falada no país. Ocorreu intensificação da ectoplasmia, da clarividência e a percepção de assistência inclusive a políticos da região, com ampliação do acoplamento e dos fluxos energéticos.*

*3. **Fazenda.** Em tenepes realizada em locais rurais ermos, percebeu-se a assistência a processos ligados à região, trabalhadores rurais e fazendeiros. Esse fato exigiu maior atenção às iscagens, acoplamentos, assins e desassins.*

4. ***Hotéis.*** *O ideal é reservar quarto single, quando não for possível procurar quarto com sala anexa. Percebeu-se que o fato do tenepessista ter contato direto e estar no local gerou extrapolacionismos pela intensificação da assistência, contudo o hotel não é o ideal para a base física permanente da tenepes. (VIEIRA, 1995, p. 49).*

5. ***Itinerância.*** *Em tenepes realizada durante docência conscienciológica itinerante, percebeu-se a potencialização da assistência extrafísica e a tenepes suplantando o holopensene religioso do ambiente o qual apresentava inclusive bagulhos energéticos.*

6. ***Laboratório.*** *Em tenepes realizada no Laboratório da Tenepes no CEAEC ocorreu a parapercepção do vínculo com a base física, inclusive com a clarividência do piso de parquet da base usual.*

7. ***Praia.*** *Em tenepes realizada em apartamentos ou casas alugadas na praia, percebeu-se a instalação do holopensene interassistencial suplantando o holopensene pré-existente, o que eventualmente requer breve intervalo de tempo no início da primeira prática no local. Poucos minutos após, a sinalética da presença do amparador foi indicativa de que ocorreria o trabalho assistencial. Percebeu-se intensificação da ectoplasmia e dos fluxos energéticos. Nos dias subsequentes, a tenepes ocorreu normalmente.*

8. ***Tenepessista.*** *Em casos da tenepes realizada em casa de colega tenepessista, houve clarividência com o amparador e com as consciexes ligadas ao tenepessista morador da casa. Percebeu-se, mesmo estando em quarto ao lado, quando o tenepessista iniciava a prática por meio da repercussão dos fluxos energéticos.*

AS ITINERÂNCIAS PODEM SER UTILIZADAS ENQUANTO OPORTUNIDADES DE EXPANSÃO ASSISTENCIAL. A VIVÊNCIA DA TENEPES EM VIAGENS REQUER ORGANIZAÇÃO, PREPARO HOLOSSOMÁTICO E *FOCO INTERASSISTENCIAL.*

Questionologia. Você, leitor ou leitora, já está lúcido para a correção das suas "assinaturas" pensênicas "borradas" *por meio* da tenepes? Já demonstra autoexemplarismo interassistencial evolutivo por meio da tenepes nas viagens?

TENEPES EM BASE FÍSICA EXTRA
(INTRAFISICOLOGIA)

Definição. A *tenepes em base física extra* é a conduta exceção da realização da tarefa energética pessoal pela conscin residente, em caráter semipermanente ou permanente, em 2 localizações geográficas distintas, em função de escolhas ou injunções da vida humana.

Sinonímia: 1. Tenepes em locais diferentes. 2. Tenepes no segundo domicílio. 3. Tenepes com base alternante. 4. Tenepes em duas bases físicas. 5. Tenepes em dois domicílios.

Antonímia: 1. Tenepes em local fixo. 2. Tenepes em uma base física. 3. Tenepes radicada. 4. Tenepes monodomiciliar. 5. Ofiex.

Caracterização. Não é objeto deste estudo a itinerância breve ou ocasional típica de tenepes em viagens, mas a condição mais permanente da execução da prática em bases físicas diferentes, a qual pode durar de alguns meses até algumas décadas.

Ideal. O ideal é o tenepessista fixar residência permanente, inclusive em imóvel próprio, não alugado, sendo a tenepes em base física extra uma conduta exceção (condição não ideal).

Estabilização. É preciso evitar a base física extra especialmente nos 6 primeiros meses da tenepes, enquanto ainda não ocorreu a estabilização da prática.

Contexto. Obrigações profissionais, pessoais ou de estudos as quais exigem que o tenepessista fique, por exemplo, parte da semana em uma base física e o restante em outra.

Residência. Eis, a seguir, 8 exemplos de locais possíveis de comporem duas bases físicas para a tenepes:

1. Base física em cidade grande/pequena.
2. Base física na capital/interior.
3. Base física no campo/cidade.
4. Base física em apartamento/casa de praia ou serra.

5. Base física em cidade a trabalho/lazer.
6. Base física em cidade satélite/capital.
7. Base física em local de estudos/cidade natal.
8. Base física na cognópolis/cidade natal.

Horário. O horário para a prática da tenepes deve ser mantido nas duas bases físicas, rigorosamente no mesmo período, dentro das 3 horas escolhidas para a prática.

Vínculo. A mesma consciex amparadora é responsável pela tenepes nas duas bases físicas, estando vinculada ao tenepessista e não ao local.

Funcionamento. Percebeu-se que, em ambos os locais, a tenepes ocorre normalmente, mas se supõe que haja raízes extrafisicamente assentadas, predominantemente, em um deles, sendo a segunda base física um prolongamento ou extensão da base titular.

Conexões. Há conexões evidentes entre as bases físicas distintas e possibilidade de ocorrerem projeções conscientes durante a tenepes, desde a base física secundária até a base física titular, com parapercepção do ambiente intensificando essa conexão.

Peculiaridades. O tenepessista pode perceber que em uma base física a intensidade energética da tenepes é maior e que o padrão da assistência é diferenciado.

Hipóteses. Eis, a seguir, listadas em ordem alfanumérica, 5 hipóteses de ocorrências ligadas a base física extra:

1. **Alcova.** A base física onde o casal dorme e exterioriza suas energias pode potencializar a tenepes por meio da blindagem energética e defesa da alcova.

2. **Ambiente.** Cada ambiente tem seu holopensene e características próprias as quais influem na tenepes. Cabe destacar a fôrma holopensênica do local e o holopensene doméstico. Influem também as condições do quarto da tenepes, sua organização e o seu conteúdo.

3. **Coadjutores.** Consciências próximas ao tenepessista, incluídos neste item os demais moradores da base física, tais como cônjuge,

filhos, animais domésticos e plantas influenciando energeticamente a tenepes.

4. **Proxêmica.** A parageografia associada à geografia característica de cada base física, em função da proxêmica, influencia a natureza das assistências realizadas. Exemplo, uma base física próxima a um hospital e outra próxima a uma escola.

5. **Repercussões.** As repercussões positivas podem ser percebidas em ambas as bases físicas com melhoria dos ambientes, inclusive estendendo-se aos quarteirões e bairros.

Deslocamentos. Os deslocamentos do tenepessista de uma base física a outra podem se tornar problemáticos em função das energias de bases ectoplásmicas, ligadas ao processo assistencial, ampliando a propensão a acidentes de percurso (macro-PK destrutiva).

Cuidados. Nesse sentido, eis uma lista de 9 recomendações visando à preservação do tenepessista e de pessoas próximas envolvidas em seus deslocamentos, em ordem alfanumérica:

1. **Atenção.** Ter atenção redobrada.
2. **Energias.** Trabalhar as energias (estado vibracional) antes de viajar.
3. **Evitação.** Evitar viajar dentro do período das 3 horas do horário da tenepes.
4. **Manutenção.** Manter o veículo em ótimas condições.
5. **Modo.** Preferir viajar de ônibus ou avião em vez de automóvel.
6. **Período.** Evitar dirigir no período noturno.
7. **Prudência.** Manter direção prudente e defensiva.
8. **Repouso.** Viajar descansado.
9. **Velocidade.** Manter os limites da velocidade.

Organização. A maior organização da rotina do tenepessista tende a fixar o domicílio e a rotina e com isto diminui as viagens ao mínimo necessário.

Ofiex. A condição da tenepes em mais de uma base física, em princípio, seria impeditiva para a instalação da ofiex, a qual exige um assentamento maior das energias.

Relações. A tenepes em base física extra relaciona-se mais diretamente com a síndrome da dispersão consciencial, com a adaptabilidade, o nomadismo consciencial, a autolocalização consciencial, a mesologia e paramesologia.

Fatuística (F.N.A) (2014). *Ao comparar as vivências da pratica da tenepes realizada em apartamento na cidade de Foz do Iguaçu – PR com as da casa na cidade de Cachoeira do Sul – RS, percebi nitidamente a diferença dos holopensenes e a forte atuação das influências mesológicas, porém a tenepes ocorreu sem interrupções em ambas as cidades ao longo do ano. Ao mesmo tempo, foi nítida a percepção da necessidade de maior assentamento para a evolução da prática.*

***O TENEPESSISTA QUE PRATICA A TENEPES EM DUAS BASES FÍSICAS MANTÉM A CONDIÇÃO ASSISTENCIAL, PORÉM ESTÁ SUJEITO ÀS ADAPTAÇÕES RELATIVAS ÀS** INERÊNCIAS DOS DIFERENTES AMBIENTES.*

Questionologia. Você, leitor ou leitora, aproveita as oportunidades assistenciais em diferentes locais para praticar a tenepes? Já busca uma maior fixação da base física visando à qualificação da tenepes e da futura ofiex?

PRECOGNIÇÃO NA TENEPES
(PARAPERCEPCIOLOGIA)

Definição. A *precognição na tenepes* é a parapercepção de informação sobre acontecimento futuro durante a realização da tarefa energética pessoal, estando diretamente relacionada com a descoincidência dos veículos e a expansão da consciência.

Sinonímia: 1. Tenepes precognitiva. 2. Lucidez sobre o porvir na tenepes. 3. Premonição na tenepes. 4. Extrapolacionismo antecipatório durante a tenepes. 5. Presciência durante a tenepes.

Antonímia: 1. Simulcognição durante a tenepes. 2. Retrocognição na tenepes. 3. Tenepes focada no presente. 4. Obnubilação na tenepes. 5. Ausência de percepção na tenepes.

Facilitadores. Durante a tenepes, ocorre maior descoincidência dos veículos de manifestação da consciência, a qual, aliada à ampliação da interação multidimensional, é facilitadora da ocorrência da precognição.

Comum. A precognição é fenômeno relativamente comum, tendo sido amplamente pesquisado por J. B. Rhine na Duke University, entre outros; porém, muitas vezes, é confundida com fenômenos como *déjà vu,* sincronicidade e projeção consciente. Entre muitos tenepessistas percebemos que ela pode passar despercebida se não houver a catalogação cuidadosa da fenomênica vivenciada.

Ferramenta. A acuidade paraperceptiva do tenepessista com relação à precognição é conquista multiexistencial e pode ser utilizada como ferramenta evolutiva e discernidora, capaz de potencializar a execução da proéxis avançada.

Fatuísticas (F.N.A.). *Na vivência de participante do GPC tenepes de Porto Alegre ocorreram casos de precognição a exemplos dessas 6 listadas em ordem de ocorrência:*

1. ***Visita.*** *Precognição de visita de amigo que há tempos não via, que ocorreria poucas horas depois da tenepes com visão do automóvel utilizado, o local onde estacionaria entre duas árvores, e o detalhe dos pneus novos recém-colocados no veículo, fato de total desconhecimento por parte do tenepessista. Também houve o registro escrito dos detalhes da precognição, o relato dessa para o cônjuge e instantes após a chegada inesperada do amigo, foi mostrado a ele o relato o que gerou indagação dele do porquê do fenômeno com o seu envolvimento.*

2. ***Dessoma.*** *Precognição da dessoma de parente próximo, inclusive com auxílio à dessoma e relato do fato, ocorrida aproximadamente 12 horas após a tenepes.*

3. ***Filme.*** *Precognição sobre filme com anotação das cenas marcantes as quais após algumas horas da tenepes foram vistas por acaso ao manipular o controle remoto e naquele instante estaria passando na TV em canal aberto. Foi feito registro escrito e surpresa sobre o porquê apareceria tal filme durante a tenepes exatamente no dia em que o filme passaria. Nota-se que era um filme antigo e passou em canal de menor audiência sem que o tenepessista tivesse conhecimento prévio de qualquer propaganda ou cenas.*

4. ***Desastre.*** *Parapercepção de desastre ocorrido um ou dois dias depois da tenepes. Na ocasião, o tenepessista pensou que ocorreria com ele ou sua família, mas o fato, como visto, ocorreu a milhares de quilômetros de distância.*

5. ***Rosto.*** *Precognição com rosto de menina vitimada em acidente automobilístico, o qual foi vista em foto do jornal do dia seguinte com as feições e vestimentas parapercebidas.*

6. ***Acidente.*** *Precognição sobre acidente de percurso que ocorreria com o tenepessista em viagem de ônibus, no qual foi perguntado extrafisicamente: "É você que estava no ônibus que se acidentou"? E respondido: "sim, eu mesmo". Tal fato ocorreu poucas horas antes da viagem e foi relatado previamente para os familiares e decidido tomar o ônibus assim mesmo, porém, tendo maiores cuidados no deslocamento. O ônibus teve os vidros quebrados na janela do tenepessista, no entanto sem lhe causar* *qualquer ferimento. Depois ele se deu conta que ao assumir o risco estava dando trabalho extra aos amparadores.*

A TENEPES É** RICA EM PARAFENÔMENOS, **ACESSADOS POR PARAPERCEPÇÕES, INTUIÇÕES E EXTRAPOLACIONISMOS. APROVEITÁ-LOS COMO** OPORTUNIDADES EVOLUTIVAS **REQUER REGISTRO, ANÁLISE E PESQUISA.

Questionologia. Você, leitor ou leitora, está atento às parapercepções ocorridas durante a tenepes? Tem por hábito o registro e a pesquisa sobre esses eventos?

EXTERIORIZAÇÕES ENERGÉTICAS EXTRAS DA TENEPES

(TENEPESSOLOGIA)

Definição. As *exteriorizações energéticas extras da tenepes* são as doações energéticas esporádicas além do horário habitual da prática, visando à assistência emergencial a consciexes enfermas, denotando auto-organização, disponibilidade crescente e entrosamento maior com o amparador de função.

Sinonímia: 1. Tenepes extra. 2. Ensaio da tenepes 24 horas. 3. Extrapolacionismos da tenepes. 4. Assistência emergencial. 5. Assistência adicional, extraordinária. 6. Tenepes de pronto-socorro. 7. *Crescendum* assistencial. 8. Isca assistencial lúcida.

Antonímia: 1. Exteriorização durante a tenepes. 2. Indisponibilidade assistencial. 3. Desconexão com a assistência. 4. Obnubilação, robotização do tenepessista. 5. Estagnação assistencial. 6. Debilidade bioenergética do tenepessista. 7. Compartimentalização assistencial. 8. Ofiex.

Convergência. O aparecimento de demanda interassistencial denota estreitamento da conexão com o amparador pela convergência de esforços assistenciais. As crises e emergências assistenciais são oportunidades de desenvolvimento da interassistencialidade avançada.

Bombeiro. A condição da exteriorização energética extra indica atuação do tenepessista ao modo de bombeiro ou socorrista interassistencial, o qual abre espaço na agenda intrafísica para priorizar a assistência interdimensional, frente a situações inesperadas, de emergência.

Predisposição. Eis, a seguir, relacionadas em ordem alfanumérica, 10 atitudes predisponentes a intensificar a ocorrência das assistências extras da tenepes:

01. **Desassim.** A capacidade de desassimilação das energias conscienciais patológicas.

02. **Discernimento.** Evitação do uso abusivo das potencialidades do energossoma pessoal.

03. **EV.** A autovivência do estado vibracional (EV) profilático.

04. **Extrapolacionismo.** Predisposição à vivência de extrapolacionismos na atuação em patamares interassistenciais mais avançados.

05. **Lotação.** A condição de suportar um número crescente de consciências enfermas na psicosfera.

06. **Mitridatismo.** A convivência sadia com holopensenes patológicos.

07. **Presteza.** A postura de prontidão interassistencial.

08. **Sinalética.** A sinalética energética e parapsíquica pessoal mapeada e atuante.

09. **Sustentabilidade.** A autossustentabilidade energética mantendo a condição da homeostasia holossomática.

10. **Vigor.** A higidez pensênica potencializando a força presencial sadia.

Iscagens. A vivência da condição de isca assistencial lúcida pode exigir a interrupção da agenda diária e o isolamento intrafísico, visando à assistência emergencial. Eis 6 exemplos de situações geradoras de assistências extras percebidas pelos integrantes do GPC tenepes, listados em ordem alfanumérica:

1. **E-mail.** Após leitura de e-mail relatando situação problemática.
2. **Hospital.** Após visitar doente em hospital.
3. **Museu.** Após visita a museu gerador de evocações.
4. **Telefone.** Após receber telefonema, seja de cliente, colega, amigo com alguma perturbação e imediata necessidade interassistencial.
5. **Trabalho.** Durante o horário de trabalho, com acoplamentos oriundos de reuniões ou conversas no ambiente profissional. Nesses

casos pode ocorrer a *sincronicidade* do tenepessista não ser incomodado durante o período da assistência.

6. **Viagem.** Durante viagem. Detalhado no capítulo tenepes em viagens.

Auto-organização. O investimento em rotina de trabalho mais tranquila ou de flexibilidade na agenda é elemento necessário para a potencialização de assistências extras. Sem auto-organização a consciência limita seu potencial assistencial.

Recesso. Pode haver recessos nas assistências extras. O tenepessista deve investigar se há alguma condição intraconsciencial, tal qual a falta de disponibilidade íntima, causadora desse recesso. Há de se identificar também a possibilidade do contexto em que a consciência está inserida dificultar o envolvimento assistencial fora do horário da tenepes.

Fatuística 1 (F.N.A.). *Eis 5 fatuísticas de integrante do GPC tenepes, elencadas em ordem cronológica, de exteriorizações energéticas extras ocorridas em diferentes momentos do dia:*

1. ***Sesta.*** *Percebi que o horário da sesta frequentemente é aproveitado pelo amparador para assistências emergenciais. Facilitam tal ocorrência o isolamento intrafísico, a penumbra e o relaxamento somático. Notei que o descanso e a digestão foram inclusive otimizados, não gerando ressaca energética.*

2. ***À tarde.*** *Após reunião importante envolvendo decisões que afetavam diretamente outras consciências, senti necessidade de exteriorizar e ocorreram doações energéticas com duração de até 4 horas com períodos breves de descanso entre elas.*

3. ***Entardecer.*** *Tive a percepção de repentino e intenso cansaço indicando a necessidade de assistência, o que levou este tenepessista, ao final de um dia de trabalho, a se recolher ao recinto da tenepes. Nesse momento, ocorrem exteriorizações e atendimentos pontuais, cessando os desconfortos percebidos.*

4. ***Noite.*** *Ao recolher-me para dormir, percebi a sinalética da presença do amparador indicando a necessidade de assistência emergencial.*

Mesmo a tenepes sendo na manhã seguinte, o atendimento ocorreu naquele momento.

5. ***Madrugada.*** *Percebi a presença de consciexes no quarto de dormir iscadas na véspera, a serem atendidas, o que trouxe repercussões na psicosfera, indicando a necessidade da assistência imediata.*

Fatuística 2 (I.R.S.). *Eis 3 fatuísticas de integrante do GPC tenepes, tenepessista há 10 anos, manicure se deslocando ao trabalho, elencadas em ordem cronológica.*

1. ***Fraternidade.*** *Ao aguardar a chegada do ônibus, senti que tinha algo estranho, comecei a procurar e observar cada conscin que ali estava e senti-me impulsionada na direção de conscin que estava se sentindo mal e, nesse momento, não me importando com os curiosos em volta, concentrei o foco na assistência. Tive sensação de grande força e tamanho, foquei no assistido e usei os palmochacras e o cardiochacra expandindo as energias e o sentimento de fraternidade e atenção à consciência assistida. Após, percebi, quando a ambulância chegou, que o assistido já estava em melhores condições para ser encaminhado.*

2. ***Sinalética.*** *Voltando do trabalho para casa à noite, na parada do ônibus, pressenti algo estar acontecendo, olhei em volta e nada vi. Então saí vagarosamente observando o local que estava cheio de gente. De repente, senti um cheiro forte de álcool e fui procurar a origem. Vi dois homens, um se segurando no outro. Parei e pensei: "São só dois homens que estão bêbados".*

Dei meia volta e, discretamente, dei dois ou três passos voltando para onde estava, mas logo vem a ideia de que não era bem assim. Tornei a voltar e fui-me aproximando. Vi que o caso era sério. Eram dois irmãos. O que estava alcoolizado estava tentando segurar o outro que não estava, mas se sentindo mal, suando frio, esbranquiçado, perdendo as forças. Ele logo foi caindo e se apagando. Aproximei-me, olhando firme, coloquei a mão na direção de sua boca e disse: "Respire profundamente e vai largando a respiração para fora". Fui repetindo, conversando. Nesse momento, noto que o grau de fraternidade se amplia, vendo além da forma humana aquela consciência que fazia força para reagir. A dificuldade era muita, mas aos poucos ele foi melhorando. Coloquei a outra mão na nuca, a palidez diminuiu e ele retomou a sua cor, conseguindo-se sentar.

Nesse momento, chegou a ambulância para levá-lo. Tinha percebido alguém atrás de mim, observando-me. Era outro homem que me pareceu ter algum desenvolvimento parapsíquico e percebido a assistência. Chegando perto, ele me disse: "Mas o que foi que a senhora fez? " Muito surpreso, ele dizia: "A senhora, quando falava, parecia que saía algo de dentro e penetrava no doente". Não sabendo o que dizer, ele me fazia muitas perguntas e eu não queria responder nada mesmo, porque eu não tinha nada para falar e daí que veio uma palavrinha lá dentro da minha mente: (tenepes). Entendi, era outro doente necessitando assistência, falando de suas dificuldades. Peguei seus dados e encaminhei para tenepes.

Depois soube que estava bem; que ficou muito grato. Queria me pagar ou me dar algo em troca, o que não aceitei. Esclareci que não havia necessidade, mas suas ideias religiosas dificultavam que ele entendesse.

3. ***Sopro.*** *Após sair da casa de uma cliente, peguei o ônibus sentada do lado esquerdo no canto do lado da janela. Tranquila, olhei uma mocinha de pé no corredor do veículo. Percebi que ela não estava bem. O mal-estar foi-se estendendo, pensei: "Ela vai cair, quero ajudar, mas como vou ajudar se eu estava no canto"? Veio a ideia: "assopra". Essa é uma técnica de exteriorização energética que uso com alguma frequência.*

Ela estava numa fileira do banco após a minha, mas de pé. Então, a pessoa que estava sentada do lado ofereceu o lugar para ela, mas, logo em seguida, outra pessoa sentada no canto da janela se levantou e deu o lugar. Por ser na janela da fila em frente à minha, ficou perto, exatamente na minha frente. Abri levemente a boca e discretamente comecei a assoprar na direção da sua nuca. De repente, ela passou a mão por debaixo dos cabelos e levantou-os para cima. Parecia que tinha sentido uma onda de calor que deve ter sido resultado da energia que eu continuava a assoprar.

Depois de alguns minutos, ela se levantou e disse para a pessoa que tinha cedido o lugar: "Obrigada, já estou bem", pensando que o ar da rua havia ajudado. Nisso eu olho para janela e me dou conta. O vidro estava fechado, o que não foi percebido. Notei que o movimento de troca de banco foi para facilitar a assistência e que os amparadores deram um "jeitinho" para que ocorresse o bem para todos.

AS EXTERIORIZAÇÕES ENERGÉTICAS EMERGENCIAIS EXIGEM *PRONTIDÃO E DISPONIBILIDADE ASSISTENCIAL* **DO TENEPESSISTA, AMPLIANDO O COMPROMETIMENTO COM O AMPARADOR E COM A ASSISTÊNCIA DA TENEPES.**

Questionologia. Você, leitor ou leitora, disponibiliza-se para ampliar a sua assistencialidade junto ao amparador no seu dia a dia? Quais sinaléticas parapsíquicas você utiliza lucidamente dentro da comunicação assistencial? Já prioriza as assistências emergenciais?

ATUAÇÃO DA TENEPES NA DESSOMA

(DESSOMATOLOGIA)

Definição. A *atuação da tenepes na dessoma* é a assistência realizada ao pré-dessomante, pelo tenepessista e amparador de função, em benefício da consciência, durante o processo da dessoma, podendo ser feita estando o tenepessista projetado ou não, visando o auxílio tanto na primeira quanto na segunda dessoma.

Sinonímia: 1. Auxílio tenepessístico na morte biológica. 2. Assistência na segunda dessoma. 3. Colaboração da tenepes na mudança dimensional. 4. Encaminhamento pós-dessomático. 5. Facilitação dessomática tenepessística.

Antonímia: 1. Auxílio à consciex ressomante. 2. Tanatofobia. 3. Auxílio à manutenção do soma. 4. Visão materialista da morte. 5. Dessoma assediada.

Divisão. Dividimos este capítulo em duas partes, sendo a primeira relacionada ao auxílio da tenepes no descarte do soma e a segunda no descarte do energossoma.

Monotanatose. O tenepessista, junto ao amparador da tenepes e amparadores especializados em dessomática, pode, por intermédio das suas energias densas, auxiliar as conscins em circunstâncias críticas da vida humana, como no caso de doentes em estado terminal, a passarem pela primeira dessoma.

Sinonimologia: 1. Morte do corpo físico. 2. Descarte do soma. 3. Óbito.

Antonimologia: 1. Segunda dessoma. 2. Terceira dessoma.

Percepção. A atuação pode ocorrer durante a prática da tenepes por meio da exteriorização de energias densas, ajudando no rompimento das ligações energéticas entre o soma e o psicossoma da pré-consciex.

Repercussões. Eis 7 repercussões positivas da dessoma assistida entre as conscins próximas e ao próprio dessomante, listadas em ordem alfanumérica:

1. **Alívio.** Acalmia íntima. Alívio de dores.
2. **Autoperdão.** Liberação do sentimento de culpa gerado pela doença.
3. **Desassédio.** Afastamento dos assediadores extrafísicos da recém-consciex.
4. **Desdramatização.** Sensação de que algo importante ocorreu para melhor, evitando sofrimento maior.
5. **Lucidez.** Auxílio na recuperação de cons e da lucidez da recém-consciex.
6. **Reconciliação.** Liberação de interprisões grupocármicas e reconcilhações.
7. **Superação.** Organização para melhor das conscins envolvidas, com a superação do momento difícil.

Incompreensão. A maioria das conscins, em nosso nível evolutivo, ainda não está preparada para compreender esse auxílio à dessoma, na qual o tenepessista não tem poder decisório.

Planejamento. Vivências de integrantes do GPC tenepes têm demonstrado que o auxílio à dessoma pode ser planejado pelo amparador do assistido junto com o amparador da tenepes, em sintonia com o orientador evolutivo do grupocarma. Essa organização prévia fica evidenciada pelos efeitos positivos pós-dessoma, tais como os relatados na fatuística no final deste capítulo.

Recepção. A tenepes atua como preparação para o evento extrafísico da pararrecepção pós-dessomática da conscin assistida, facilitando o retorno à paraprocedência.

Empatia. A afinidade existente entre a conscin tenepessista e o dessomante é facilitador importante desse processo, desde que o saldo deste relacionamento seja positivo e que não haja apegos.

Apego. A manutenção de apego às consciências é dificultador para a dessoma sadia, atuando com efeito contrário, mantendo a conscin ligada ao soma. Isso demonstra que de maneira consciente ou inconsciente o grupocarma pode ajudar ou dificultar o processo da dessoma.

Possessividade. A conscin interesseira, especialmente quando ente próximo ao pré-dessomante, ao se julgar erroneamente enquanto "dono da vontade" de outra consciência, busca mantê-la no soma por interesses egoicos, especialmente afetivos e financeiros, podendo retardar o processo da dessoma de maneira patológica.

Preparo. O esclarecimento sobre as realidades extrafísicas auxilia na vivência do processo natural da dessoma. Esse esclarecimento realizado no dia a dia, por meio de conversas, cursos, livros, pode ocorrer semanas, meses ou anos antes da dessoma.

Reurbanização. A dessoma assistida de um componente chave do grupo familiar pode representar oportunidade de reurbanização extrafísica, a partir da tenepes, auxiliando no desassédio, especialmente das consciexes ligadas ao dessomante, tendo como consequências a renovação do grupocarma.

Intuições. Podem sobrevir paraperceções ao tenepessista quanto à dessoma de conscins de seu convívio. Entre as providências que podem ser tomadas está o esclarecimento à família, facilitando o desapego, a superação do luto e por intermédio de projeções assistenciais, ajudar a consciex, auxiliando na segunda dessoma.

Hipóteses. As energias conscienciais sadias do tenepessista promovem aportes energéticos à pré-consciex, facilitando o desprendimento dos laços energéticos que ligam ao soma e auxiliando na reconfiguração do psicossoma da consciência, diminuindo o choque do processo da dessoma.

Bitanatose. A *segunda dessoma*, ou segunda morte, é o descarte dos resíduos do energossoma ainda remanescentes no psicossoma, após a desativação do corpo físico que é a primeira dessoma.

Sinonimologia: 1. Descarte do holochacra. 2. Dessoma energossomática.

Antonimologia: 1. Tritanatose. 2. Monotanatose.

Lucidez. A conscin que passa por uma dessoma assistida, catalisa a ocorrência do descarte do energossoma, recuperando a lucidez mais rapidamente.

Intermissão. A tenepes pode auxiliar a consciex, diminuindo as parapatologias da consciência, a exemplo da remissão ou mitigação dos processos de redução e deformação psicossomática, melhorando a vivência do período intermissivo.

Momento. O tempo necessário para que ocorra a bitanatose pode variar para cada consciência de acordo com fatores atenuantes ou agravantes das patologias existentes.

Parapsicose. Um dos fatores potencializadores da parapsicose em consciências dessomadas prematuramente em acidentes ou mortes violentas é a não passagem pela segunda dessoma. A carga energética remanescente no energossoma está ainda intensa, impedindo a autoconscientização multidimensional. Nesses casos, tais indivíduos não percebem sua dessoma e pensam ainda estarem na condição de conscin.

Desapego. Um dos pilares da segunda dessoma é o desapego à vida intrafísica recém-finda.

Reconciliação. Acertos grupocármicos pré e pós-dessoma atuam como catalisadores da segunda dessoma. O melhor tempo para reconciliações é o momento presente, em função das dificuldades recíprocas atuantes na comunicação interdimensional (VIEIRA, 1997, p. 84).

Parapatologia. O sofrimento está relacionado às vivências extrafísicas anteriores de bases patológicas, incompatíveis com a segunda dessoma. O inferno retratado na *Divina Comédia*, de Dante Alighieri, apresenta descrições relacionadas a tais vivências da Baratrosfera, que é a dimensão extrafísica patológica terrestre

Afisiologia. Os campos energéticos são utilizados no auxílio à segunda dessoma e posterior recuperação da lucidez extrafísica, predispondo a condição da vivência lúcida da percepção da ausência de necessidades fisiológicas. Esse parafato revela a conexão interassistencial entre a prática da tenepes e os diversos cursos e dinâmicas com instalação de campos energéticos.

Contato. O amparador atua apenas por intermédio do psicossoma e mentalsoma em conjunto com o tenepessista que, devido ao seu soma e energossoma, consegue ter um contato direto com consciexes a serem assistidas, as quais ainda apresentam reações humanas e parte do corpo energético ligado ao psicossoma.

Fatuística (F.N.A.). *Foi atendida na tenepes conscin projetada, a qual intrafisicamente havia recebido diagnóstico de câncer terminal, após passar por longo tratamento com rádio e quimioterapia sem sucesso, e que tinha prognóstico de que iria passar por momento de grande sofrimento até a dessoma. Durante a tenepes, vi na tela mental o assistido e a saída de energias se intensificaram. Para minha surpresa, houve a sensação de que estava auxiliando no rompimento das ligações energéticas dele com o soma. Percebi então o que estava ocorrendo e despedi-me dele. Ao sair da tenepes, avisei pessoa próxima da dessoma iminente a qual me informou que o mesmo teve uma melhora súbita. Na madrugada, o telefone tocou e antes mesmo de atender, informei que era relativo à dessoma, pois tinha certeza do ocorrido, já que algumas horas antes havia ajudado no desligamento somático. A dessoma foi tranquila e, a partir daí, as coisas se organizaram, não deixando quaisquer rastros negativos.*

O TENEPESSISTA, AO *AUXILIAR NA DESSOMA*, ***VIVENCIA UMA OPORTUNIDADE ÍMPAR DE AMPLIAR A COMPREENSÃO DA ASSISTÊNCIA INTERCONSCIENCIAL, VISLUMBRANDO O FUNCIONAMENTO DO*** *MAXIMECANISMO INTERASSISTENCIAL*.

Questionologia. Você, leitor ou leitora, já percebeu a influência da sua tenepes no auxílio cosmoético à dessoma? Já refletiu sobre os aspectos interassistenciais envolvidos?

REURBANIZAÇÃO TENEPESSÍSTICA
(ASSISTENCIOLOGIA)

Definição. *A reurbanização tenepessística* é a assistência transformadora promovida pela tenepes, vinculada ao trabalho dos Serenões, consistindo na mudança para melhor, de ambientes, holopensenes e condições ou estados intraconscienciais dos assistidos.

Sinonímia: 1. Reurbex tenepessística. 2. Faxina extrafísica vinculada à tenepes. 3. Reciclagem extrafísica de origem tenepessística. 4. Mudança do holopensene por intermédio da tenepes. 5. Redução da Baratrosfera.

Antonímia: 1. Ampliação da Baratrosfera. 2. Degradação extrafísica. 3. Parafavelização. 4. Deterioração ambiental. 5. Degradação urbana.

Tenepes. A necessidade assistencial às consréus ressomantes no planeta e ao enorme contingente de consciexes se preparando para ressomar demanda conscins lúcidas dispostas a doarem suas energias, auxiliadas por amparador, de maneira metódica, disciplinada, incondicional e diária pelo resto da vida.

Tenepessista. O tenepessista é consciência predisposta ao processo assistencial da reurbanização, funcionando como minipeça, afinizada com o holopensene dos Serenões.

Conexão. Pode-se dizer que cada tenepessista tem sua própria vivência de reurbanização, seja do ambiente próximo, de sua rua, de seu bairro, do seu entorno, seja de locais mais distantes com o qual o mesmo tenha afinidade.

Evolução. No primeiro momento, a reurbanização está ligada ao círculo familiar e ao próprio tenepessista. Com a evolução da prática, a assistência vai-se estendendo do grupocarma para o policarma.

Consréu. *A consréu é consciência extrafísica de paragenética patológica, compulsoriamente deslocada por atuação das reurbanizações extra-*

físicas da comunidade extrafísica patológica onde estava há séculos, para outra comunidade extrafísica de transição, a fim de se preparar para ressomar na Terra, ou ainda sofrer a transmigração imposta para outro planeta de evolução intrafísica inferior a este (VIEIRA, 2003, p. 242).

Quistos. Tais comunidades doentes, quistos patológicos e antigos, guetos sombrios, abrigam consciexes portadoras de megamelexes, parapsicóticas, energívoras, alvos das reurbanizações promovidas pelos serenões.

Recorrência. A consciência, ao estagnar em um patamar evolutivo degradado, corrompido, degenerado, pode perder sua oportunidade de evoluir neste planeta, passando a compor a população paratroposférica da Terra, aglutinando-se em guetos sombrios ou *infernões* baratrosféricos. Essa região (dimensão) coexiste com a vida humana. A consciência pode vir a ser transmigrada para outro planeta em início de processo evolutivo, onde terá oportunidade de acelerar seu desenvolvimento assistencial. Mas até isso acontecer, vive agrupada por semelhança pensênica nos bolsões paratroposféricos, por milênios às vezes, podendo vir a exercer influência nociva e antievolutiva sobre este planeta.

Resgate. A reurbanização, patrocinada pelos Serenões, consiste no resgate dessas consciências patológicas de ambientes decaídos em que se encontram, aliviando a pressão que exercem sobre o holopensene humano, naquelas áreas da sociedade sobre as quais praticam maior influência.

Inevitabilidade. Alinhado ao processo evolutivo, esse resgate é inevitável. Partindo-se do princípio de que não há ressoma destinada ao fracasso, novas oportunidades são oferecidas às consciências em ação gradativa de progresso e transformação frente às novas vivências.

Proéxis. Em algumas situações, supõe-se que o trabalho reurbanizador realizado pelo tenepessista é previamente planejado no Curso Intermissivo, inclusive abrangendo o contexto profissional e local da inserção do tenepessista.

Reurbexes. Segundo Vieira (2003), as reurbanizações extrafísicas estão acontecendo na Terra desde a mais remota Antiguidade, porém no século XX, especialmente após a Segunda Guerra, tornaram-se mais frequentes e envolvendo comunidades maiores.

Consequência. Arrancando pela raiz o *megatumor localizado na paratroposfera do planeta e que ameaça criar raízes e se espalhar* (VIEIRA, 2003, p. 247), as reurbanizações extrafísicas, além de contribuírem para a melhoria do holopensene intrafísico acumulado no decurso da história humana, são indispensáveis no processo de evolução das conscins, promovendo as reciclagens de alto nível, com efeitos dinâmicos, multidimensionais e evolutivos.

Reflexos. Reflexos disso podem ser observados na melhoria geral da Socin, na recente preocupação com o meio ambiente e com o desenvolvimento nas áreas das Ciências e Tecnologias, na globalização, na atuação da ONU, nos tribunais internacionais, nos Direitos Humanos, na educação pública, na implementação das políticas públicas de habitação, agrárias, industriais, saúde e saneamento básico.

Mesologia. A mesologia, que a consréu encontra no ambiente intrafísico em que vai ressomar, será significativamente diferente da paramesologia em que esteve mergulhada nas últimas centenas de anos, estagnada, em automimese, o que, *de per si*, é um forte gerador de contrafluxos.

Traços. As consréus ressomantes trazem traf*a*res anteriores não depurados nos bolsões extrafísicos em que habitavam. Assim, presencia-se, nesse período histórico, em especial, aparentemente aberrações sem precedentes cometidas pelo homem contra o homem. São as novas gerações de egressos da paratroposfera atuando ainda sob a influência de antigos traf*a*res cristalizados e anticosmoéticos.

Condicionamentos. Dentre os mais diversos tipos de personalidades, encontram-se ressomadas consréus vítimas de lavagens paracerebrais que impedem a autopensenidade e a livre expressão consciencial. Tais eventos podem ter sido patrocinados por megassediadores ou são fruto de fanatismos decorrentes de repressões, sacralizações, mimeses e condicionamentos ocorridos em inúmeras seriéxis.

Assistência. As consciências ressomadas, patológicas, secularmente cronicificadas, formam um significativo contingente de habitantes neste planeta, no ano-base: 2012. A convivência com consciências relativamente sadias, ainda assim possíveis consréus em processo de superação evolutiva, demanda uma disponibilidade de energia assistencial dessas últimas, dando significado à ideia de que o menos doente deve cuidar do mais doente. Para esse *cuidado,* todos os recursos interassistenciais são válidos, sejam eles intrafísicos ou multidimensionais, abrangendo, por atacado, todas as instâncias da vida humana.

Subestimação. O tenepessista é minipeça dentro de um maximecanismo interassistencial e a sua participação, mesmo que pareça pequena, não deve ser subestimada. O funcionamento de cada peça é importante para os resultados assistenciais. A necessidade de interassistência, especialmente no nosso nível evolutivo, é muito grande.

Público. As consréus compõem a maioria do público-alvo a ser assistido, pelo tenepessista, consistindo na maior parte dos atendimentos da tenepes.

Convivência. Na dimensão extrafísica, as consciências se agrupam pela afinidade pensênica, sendo difícil o convívio direto de consréus com consciências mais evoluídas, o que se torna viável na dimensão intrafísica.

Efeitos. Eis, a seguir, 10 efeitos positivos, percebidos pelos integrantes do GPC tenepes, possivelmente relacionados à atuação da tenepes nas reurbanizações, listados em ordem alfanumérica:

01. **Anticonflituosidade.** A pacificação de ambientes antes conflitivos.

02. **Cidadania.** Ampliação da conscientização da importância da cidadania.

03. **Ecologia.** Busca da preservação ambiental.

04. **Educação.** Atividades educacionais com auxílio à reciclagem das consciências.

05. **Limpeza.** Limpeza de locais e eliminação de bagulhos energéticos.

06. **Mudanças.** Saída de pessoas incompatibilizadas com as energias e ambientes.

07. **Ordem.** Diminuição de violações à lei e à ordem.

08. **Proéxis.** Auxílio na execução dos objetivos intrafísicos e na programação de vida das pessoas.

09. **Recins.** Ajuda nas transformações da autopensenidade e eliminação de travões pessoais.

10. **Saúde.** Priorização da saúde e harmonia.

Fatuística 1 (M.M.A.). *A tenepessista podia observar a praça em frente a sua residência, onde jovens se drogavam diariamente com ocorrência de prostituição. Enviando energias para aqueles adolescentes por meio da tenepes, gradativamente o grupo se dissipou.*

Fatuística 2 (I.R.S.). *A tenepessista, ao se projetar em ambiente extrafísico degradado, percebe-se esclarecendo as consciexes a respeito dos trafares e trafores dessas e após nota a ocorrência da melhoria dessas e dos ambientes aos quais as mesmas estão ligadas.*

O TENEPESSISTA, ATUANDO VINCULADO AO** MAXIMECANISMO INTERASSISTENCIAL**, TEM POTENCIAL DE PARTICIPAR ATIVAMENTE NO PROCESSO DE REURBANIZAÇÃO, INCLUSIVE PLANETÁRIA.

Questionologia. Você, leitor ou leitora, utiliza a prática do desassédio como uma postura constante no seu dia a dia? Já percebe melhorias nas pessoas e ambientes relacionados à atuação da sua tenepes?

ARGUMENTOS CONCLUSIVOS

Preparação. O desafio proposto pela tenepes de ser para o restante da vida humana exige do candidato preparação prévia e discernimento, antes de assumir o compromisso com a técnica.

Reciclagens. A tenepes só se mantém hígida e produtiva quando há um crescendo de reciclagens e qualificação contínua do tenepessista.

Organização. A vida do tenepessista é organizada em função da tenepes. Ela funciona como atividade central a partir da qual as atividades do dia são planejadas.

Homeostase. A tenepes possibilita um nível de sustentabilidade homeostática ímpar ao praticante. A higidez proporcionada pela tenepes expande-se a todos os setores de atividades do tenepessista.

Consciencialidade. Pesquisar a tenepes possibilita maior compreensão da assistencialidade como um todo, o que amplia a consciencialidade do praticante. O praticante deixa de focar no próprio umbigo para abrir a sua percepção para a assistencialidade evoluída.

Divisor. A tenepes é um divisor de águas na vida do praticante. A vida humana passa a ter um novo sentido, agora focado na interassistencialidade.

Qualificação. Cursos de campo interassistenciais, aos moldes dos realizados pelas instituições conscienciocêntricas, ajudam na profilaxia de dificuldades na tenepes e na qualificação do tenepessista.

Escola. A tenepes funciona ao modo de escola de aprendizado permanente, em que o crescimento do praticante está vinculado ao crescimento da interassistencialidade.

Pesquisa. A tenepes exige pesquisa e aperfeiçoamento contínuos. Sem os registros diários e a reflexão sobre as ocorrências não é possível a evolução na realização da prática. O ideal é organizar tais pesquisas para futuramente apresentá-las aos demais pesquisadores interessados na temática.

A** AVALIAÇÃO CONTÍNUA **DA TENEPES PROPICIA DIAGNÓSTICOS PARA AS RECINS NECESSÁRIAS, AMPLIAÇÃO DA INTERAÇÃO COM O AMPARADOR E IMPLANTAÇÃO DE** ROTINAS QUALIFICADORAS **DO TENEPESSISTA.

Questionologia. Você, leitor ou leitora, costuma pesquisar a tenepes? Suas análises denotam um *crescendum* na aplicação da prática?

QUESTIONAMENTOS FREQUENTES SOBRE TENEPES
(INTERASSISTENCIOLOGIA)

FASE PREPARATÓRIA/INICIAL.

01. **Pergunta:** *quais critérios devem ser considerados na escolha do horário da tenepes? O tenepessista decide sozinho ou em acordo com a equipe extrafísica?*

Resposta: conforme a conveniência pessoal do candidato, escolhe-se 50 minutos dentro de 3 horas específicas, no período diário de 24 horas, sendo esse horário, seguido rigorosamente. O tenepessista escolhe o horário que menos interfira em sua rotina de trabalho e nas relações familiares, considerando o período em que estará em melhores condições holossomáticas para prestar assistência.

Observar também as ocorrências e a adaptação, analisando, por meio de sinaléticas pessoais, com a equipe extrafísica, se esse é realmente o melhor horário. Para as pessoas que têm rotina diária muito atribulada é indicado fazer a tenepes em horário no qual estejam fisicamente mais descansadas.

Algumas pessoas dizem que querem fazer tenepes, mas ainda não encontraram um horário. Nesses casos, o questionamento quanto a estar preparado para a prática é mais profundo do que a decisão em relação ao horário. Se esse for o caso, pondere e reflita sobre todos os aspectos envolvidos na prática, antes de começar.

02. **Pergunta:** *qual é o local mais apropriado para a tenepes?*

Resposta: o local ideal é um quarto específico para a tenepes se isso for possível. Citamos na tabela abaixo otimizações e evitações que devem ser levadas em consideração:

OTIMIZAÇÕES	EVITAÇÕES
Ambiente exclusivo e blindado.	Sala de estar ou banheiro.
Ambiente escuro ou na penumbra.	Claridade, luz direta do sol.
Organizado e limpo.	Bagulhos energéticos.
Objetos auxiliares (caneta, papel, relógio, abajur, livro adequado, gravador, lanterna).	Entropias, sujeira no ambiente, revistas, livros e jornais inadequados.
Isolamento intrafísico.	Presença de pessoas, animais e plantas.
Ruído neutro da ventilação.	Ruídos externos elevados.
Amparador intrafísico na casa, impedindo perturbações ao tenepessista.	Celular ou telefone próximo.
Paredes e roupas com cores claras e relaxantes. Cobertor e travesseiros.	Rádio, som, televisor, computador ou notebook próximo.
Cadeira ou cama confortável.	Local desconfortável.
Ar condicionado com temperatura adequada.	Temperatura inadequada.

03. **Pergunta:** as afirmações sobre o início da tenepes: "*é melhor começar com o que você já tem*", e "*só põe banca quem tem competência*" não são contraditórias?

Resposta: não. A primeira afirmativa refere-se aos traf*o*res da conscin, da disponibilidade e responsabilidade que ela tem para praticar a assistencialidade. Começar "com o que tem" também significa estar ciente das próprias maturidades e imaturidades, buscar constantemente informação e capacidade para fazer o auto e heteroenfrentamentos.

A segunda refere-se à autocrítica quanto às limitações interassistenciais, aos traf*a*res e ao razoável equilíbrio emocional diante das adversidades. É preferível não iniciar a tenepes enquanto tiver a pensenidade ocupada com outras urgências ou prioridades.

A capacidade assistencial evolui com a prática e a tenepes se aprende fazendo. Porém a decisão de iniciar a tenepes é pessoal e intransferível.

04. **Pergunta:** *gostaria de me preparar para a tenepes. Existe algum procedimento que pode ser realizado, caracterizando uma fase pré-tenepes?*

Resposta: segundo a experiência de alguns praticantes do GPC Tenepes Porto Alegre, citamos estes 5 procedimentos em ordem alfanumérica:

1. **Assistencialidade.** Analisar e investir na postura assistencial no seu dia a dia, procurando qualificar a intencionalidade e a pensenidade.

2. **EV.** Incluir o estado vibracional profilático na rotina diária, buscando melhorar seu desempenho pessoal.

3. **MBE.** Prática regular da Mobilização Básica de Energias em horários diferentes; essa prática desenvolve a disciplina e a soltura energossomática, favorecendo o desenvolvimento parapsíquico.

4. **Paradigma.** Vivenciar o paradigma consciencial, investir em técnicas para a projeção lúcida, candidatando-se a tarefas assistenciais multidimensionais.

5. **Voluntariado.** Colaborar em alguma instituição conscienciocêntrica pode ser uma forma de exercitar a assistencialidade, caracterizando uma preparação para a tenepes, observando-se os critérios básicos para esse procedimento.

05. **Pergunta:** *como posso saber que já estou preparado para começar a tenepes?*

Resposta: as evidências são, antes de tudo, intraconscienciais. Assim, somente a conscin, por meio de uma autoanálise sincera, pode chegar à conclusão. Para fazer tenepes, é necessário posicionamento, estudo (conhecer a teoria), vontade, constância e principalmente auto-organização. Eis, a seguir, 4 sugestões de acordo com as vivências dos integrantes do GPC tenepes:

1. A participação em grupos de pesquisa, tais como os GPCs, de tenepes, de reciclantes e inversores, pode auxiliar na decisão.

2. Os cursos conscienciológicos indicados são os de autopesquisa, dinâmicas parapsíquicas assistenciais e os de campo energético/conscienciοterápicos.

3. A autopesquisa em laboratórios conscienciológicos, em especial o da tenepes.
4. Estudo da bibliografia conscienciológica com ênfase na assistencialidade.

Indicadores. Eis 9 indicadores significativos de que a conscin está preparada para a tenepes, relatados pelos participantes do GPC Tenepes/Porto Alegre:

1. Desenvolvimento mínimo das parapercepções.
2. Maturidade para abrir mão da "condição ideal" para assumir a condição real física e consciencial (traf*o*res e traf*a*res).
3. Disciplina na mobilização básica de energias. Vontade de melhorar o desempenho energético.
4. Disponibilidade íntima para vivenciar a interassistencialidade com diminuição do egocentrismo.
5. Domínio satisfatório do estado vibracional. (Verbete Conscin Tenepessável).
6. Maior frequência na atuação como isca assistencial lúcida.
7. Organização da rotina sem dificuldades para incluir a tenepes.
8. Projeções assistenciais e/ou educativas relacionadas à assistência.
9. Vivência prévia da interassistencialidade.

06. **Pergunta:** *deve partir de mim a exteriorização de energias? Quais as sinaléticas de que está ocorrendo a exteriorização?*

Resposta: a tenepes é, antes de tudo, *pessoal.* O tenepessista deve descobrir com seu amparador o modo como a dupla tenepessista/amparador funciona durante a tenepes.

O ideal é assumir uma postura de passividade alerta, permitindo que os amparadores decidam como e quando se dará a assistência, e, portanto, a exteriorização de energias. A sinalética pessoal da exteriorização deve ser mapeada pelo próprio praticante, por meio de registros pessoais diários. A exteriorização energética pode ser observada, por exemplo, pelas seguintes sinaléticas: sensação de fluxo energético, calor ou frio, arrepios, amortecimento, descoincidência, pulsação e pressão nos chacras, prurido nas mucosas nasais, entre outros.

07. **Pergunta:** *a exteriorização se dá por todo o energossoma? Existem alguns chacras que predominam na exteriorização?*

Resposta: a exteriorização pode acontecer mediante a expansão de todo o holochacra, ou por meio de chacras específicos, dependendo do tenepessista e da assistência prestada.

08. **Pergunta:** *o que significa passividade alerta?*

Resposta: é estar alerta durante a passividade, sem apagão do estado de consciência. O ideal é perceber a própria condição holossomática, o campo instalado, a atuação do amparador e as consciências assistidas. Passividade alerta é sinônimo de semipossessão benigna, minimizar a interferência no trabalho assistencial realizado e atuar junto ao amparador. Passividade alerta também exige hiperacuidade aos detalhes da assistência quanto às ocorrências na hora da tenepes.

09. **Pergunta:** *tenho vontade de fazer tenepes, mas tenho medo do contrafluxo e também de não conseguir manter a tarefa. Qual a experiência dos praticantes sobre a manutenção e o contrafluxo?*

Resposta: as estratégias utilizadas para lidar melhor com o medo do contrafluxo no período de instalação da técnica são:

01. Investir no autodomínio energético e emocional.
02. Praticar a assim e a desassim.
03. Qualificar a intencionalidade.
04. Assumir a responsabilidade multidimensional.
05. Focalizar a atenção nos amparadores envolvidos na assistência, nos nossos tra*f*ores e nas consciências a serem assistidas.
06. Ser prudente, manter hábitos sadios e seguros.
07. Ter confiança em si e na equipe extrafísica.
08. Manter a pensenidade hígida e cosmoética.
09. Evitar a dramatização por meio de uma análise lúcida dos fatos.
10. Autopesquisa na identificação e vivência dos tra*f*ores.

Contrafluxo. O contrafluxo é um processo natural e pode ser um indicador de que a assistência está ocorrendo, porém não deve ser desprezado, mas examinado com atenção pelo tenepessista. Para a manutenção da tarefa, relacionamos os seguintes aspectos:

1. Perseverança e auto-organização.
2. Manter a vontade forte.
3. Criar rotinas úteis.
4. Valorizar a assistencialidade.
5. Pensenizar sobre tenepes durante o dia.
6. Manter-se automotivado.
7. Registrar as suas vivências e avaliar os resultados assistenciais.

Medo. Enquanto houver medo quanto à manutenção da tenepes, a intencionalidade assistencial e interação com o amparador ainda podem estar fracas. A superação das dificuldades é proporcional à maturidade e organização do praticante.

10. **Pergunta:** *há algum problema em fazer tenepes sem perceber o EV e não ter parapercepções?*

Resposta: ter parapercepções e dominar o EV são aspectos a serem trabalhados pelo candidato à tarefa. Não é necessário ter o domínio completo, mas é importante que a conscin invista no seu desenvolvimento para atingir uma condição mínima funcional.

11. **Pergunta:** *existe algum problema físico que impeça a prática da tenepes?*

Resposta: doenças degenerativas e psiquiátricas com perda da cognição e do equilíbrio emocional podem, dependendo da gravidade, impedir a manutenção das práticas da tenepes.

12. **Pergunta:** *existe algum problema de praticar tenepes durante a gravidez?*

Resposta: se já for praticante há bastante tempo, não há problema algum. Mas se ainda não faz tenepes, o melhor é postergar o início por uns dois anos, a fim de evitar possíveis acidentes de percurso com a conscin ressomada. Isso é válido também para o homem, se a companheira engravidar.

13. **Pergunta:** *pode-se trocar o horário das práticas da tenepes?*

Resposta: o ideal é que o horário escolhido seja fixo. Mas, caso seja necessário é possível trocar de horário. As injunções da vida humana e multidimensional podem exigir a troca. A equipe extrafísica sabe que existe adaptação quanto a esse aspecto. É importante refletir junto ao amparador sobre a mudança do horário para avaliar se esta é realmente necessária ou se está faltando uma reciclagem pessoal.

Fase Intermediária/Consolidação da Tenepes

01. **Pergunta:** *qual a postura ideal na tenepes?*

Resposta: podemos relacionar condições ligadas à postura física e a postura psicológica.

Postura física: o praticante pode ficar deitado, recostado, sentado, ou em pé. O importante é estar em posição confortável, procurando evitar tensão no soma. Se estiver com propensão a adormecer durante a tenepes pode ser preferível utilizar a postura sentada em poltrona adequada. Pode haver sugestão dos amparadores em relação à posição física do praticante, tanto antes quanto durante a técnica. É importante aprender a relaxar fisicamente.

Postura psicológica: pode-se resumir que a postura psicológica ideal é caracterizada por serenidade, disponibilidade, equilíbrio, autoconfiança e confiança nos amparadores, interesse na vivência multidimensional e otimismo. É importante evitar pensenes de autocobrança (perfeccionismo), como por exemplo – *tenho que manter a lucidez*; *tenho que perceber tudo que está ocorrendo,* e assim por diante. Geralmente, temos maturidade para perceber apenas pequena parte dos trabalhos assistenciais. O que podemos fazer é trabalhar para ter mais lucidez e melhorá-la aos poucos.

02. **Pergunta:** *não costumo ter movimentos físicos durante a prática. Isso está correto, ou indica que a minha tenepes não está qualificada? Como isto ocorre?*

Resposta: a falta de movimentos físicos não indica que a tenepes não está qualificada. É importante perceber o comando do amparador, indicando a necessidade da movimentação física, a qual pode ampliar a exteriorização energética.

Cada tenepessista apresenta atributos diferenciados. Importa considerar que a tenepes é tarefa energética *pessoal* e que o amparador é quem conhece a real necessidade do assistido e os limites do tenepessista. Assim, podem ou não ocorrer movimentos físicos. Quando espontâneos podem ser indicativos de determinados padrões de energia os quais são passíveis de pesquisa pelo tenepessista, visando compreender e qualificar a sua prática.

03. **Pergunta:** *quais são as sinaléticas de que a prática iniciou e terminou? E como saber se houve conexão com o amparador?*

Resposta: não existem sinaléticas exatamente iguais para todos os tenepessistas indicando o início ou fim da tenepes. Cada praticante precisa mapear a sua própria sinalética pessoal. O mapeamento exige atenção às minúcias para perceber as ocorrências que, na maioria das vezes, são sutis.

Sinaléticas. Eis uma listagem, em ordem alfanumérica, de 16 sinaléticas e fenômenos comuns aos autores, indicativos do início e fim da prática:

01. Alteração da respiração.
02. Arrepios.
03. Balonamento.
04. Banhos de energia.
05. Clariaudiência.
06. Clarividência.
07. Entorpecimento.
08. Estremecimento do campo ao redor do corpo.
09. EVs espontâneos no início e no final.
10. *Raps*, estalidos e sons diversos no ambiente.
11. Recoincidência dos veículos no final.
12. Rigidez de membros no início e soltura no final.

13. Saída de fluxos energéticos no início e cessação ao final.
14. Sensação de acoplamento no início e desacoplamento no final.
15. Sensação de toques extrafísicos.
16. Zumbido no ouvido.

Observamos que esses sinais podem mudar com o desenvolvimento da prática.

04. **Pergunta:** *quais os tipos de percepção ou fenômenos devo esperar na sessão da tenepes?*

Resposta: evite qualquer tipo de expectativa. Passividade alerta significa justamente observar os detalhes sem interferir nas vivências.

05. **Pergunta:** *nas primeiras semanas de prática da tenepes, as percepções eram muito intensas, e agora parece que elas diminuíram. Quais as razões para que isso tenha ocorrido?*

Resposta: essa é uma situação comum entre os praticantes, tanto quanto nas projeções didáticas e esclarecedoras sobre a prática. No início, há um investimento por parte dos amparadores, evidenciando ao praticante suas possibilidades assistenciais. O passo seguinte é o tenepessista desenvolver paralelamente seus atributos e acurar suas parapercepções com autonomia.

06. **Pergunta:** *ainda não consigo deixar de pensenizar mal das outras pessoas, sinto culpa e em outras situações sinto raiva. Quais as implicações disso na tenepes?*

Resposta: primeiramente, é preciso caracterizar o que é "pensenizar mal das outras pessoas", o que, em essência, é diferente de "emitir um pensene crítico" em relação a alguém. O importante é que podemos ter um julgamento crítico sobre alguém sem que o pensene carregue energia negativa. Pensar mal de alguém é uma das coisas que mantém guia amaurótico e afasta o amparador da tenepes, pois o mesmo não encontra espaço pensênico para trabalhar com o tenepessista.

07. **Pergunta:** *é possível eu me projetar durante a tenepes?*

Resposta: sim, é possível. Muitas vezes a descoincidência dos veículos de manifestação se acentua e ocorre a projeção do psicossoma. Essas projeções têm objetivos assistenciais e são características de determinado perfil de tenepessista e da especialidade da sua tenepes, não sendo vivenciada por todos. Se uma pessoa está, por exemplo, dormindo com o cônjuge se projeta e nessa projeção faz assistência, isso ***não*** é tenepes, é uma projeção assistencial. A tenepes é feita em hora, local e condições específicas. Ressaltamos que o domínio da projetabilidade lúcida é pré-requisito para a ofiex.

08. **Pergunta:** *quando saio de casa, observo as pessoas na rua, se percebo que estão com algum problema, busco fazer o acoplamento áurico e pedir aos amparadores que ajudem a consciência. Isso é positivo?*

Resposta: isso pode ser feito, é assistencial desde que dê conta do trabalho, sem excessos. O tenepessista, aos poucos, junto ao seu amparador, vai percebendo em quais contextos é possível e necessária a sua intervenção assistencial e em quais situações o melhor é aguardar uma situação mais favorável para atuar.

O APERFEIÇOAMENTO DE UMA TÉCNICA E DA SUA APLICAÇÃO EXIGE *POSTURA DE PESQUISADOR* ***COM QUESTIONAMENTOS FREQUENTES E AMPLOS SOBRE SEUS PORMENORES, GERADORES DE RECICLAGENS CONSTANTES.***

Questionologia. Você, leitor ou leitora, procura pesquisar a qualidade da sua aplicação da técnica da tenepes? Quais proveitos tem obtido com o investimento constante nas reciclagens tenepessísticas?

ANEXO

FICHA DA TENEPES

TENEPESSISTA	TENEPES
Tempo de tenepes:	
( ) 0 a 6 meses.	Data: / /
( ) 6 a 36 meses.	Horário: h. m.
( ) 3 a 10 anos.	Local:
( ) 10 a 20 anos.	Temperatura: __________
( ) + de 20 anos.	

CONDIÇÕES ANTERIORES À TENEPES

ENERGÉTICAS/PARAPSÍQUICAS

Fez MBE antes da tenepes?	( ) Leitura de nomes.
( ) Sim. ( ) Não.	( ) Iscagem, acoplamento.
( ) Transcorreu tranquilamente.	*Instalou EV antes da tenepes?*
( ) Dificuldade de fazer a MBE.	( ) Sim. ( ) Não.
( ) Assimilação/Desassimilação.	( ) Intenso.
( ) Bloqueio energético.	( ) Ocorreu normalmente.
( ) Descompensação energética.	( ) Ocorreu com dificuldades.
( ) Descoincidência/sensação de queda.	( ) Não ocorreu.
( ) *Outras?* ( ) Sim. ( ) Não.	
Especificar:_______________	

FÍSICAS

( ) Cansaço antes da tenepes.	( ) Bem-estar físico.
Esgotamento? ( ) Físico. ( ) Mental.	( ) Alimentação adequada.
( ) Sono. ( ) Carências.	( ) Alimentação inadequada.
Dores corporais? ( ) Sim. ( ) Não.	( ) Enxaqueca.
( ) Cefaleia.	( ) Atividade física.
( ) Lombalgias.	( ) Atividade sexual.
( ) Cólica.	( ) Bocejos.
( ) Agulhada nos pés.	
( ) *Outras?* ( ) Sim. ( ) Não.	
Especificar:_______________	

PSICOLÓGICAS/PENSÊNICAS

( ) Buscou interação com o amparador. ( ) Dedicou algum tempo antes do horário da tenepes para relaxar e acalmar a mente. ( ) Percepção de assédio. ( ) Desconcentração mental. ( ) Devaneio. ( ) Descontrole emocional. ( ) Desorganização consciencial. ( ) Pouca disposição para registrar. ( ) *Outras?* ( ) Sim. ( ) Não. Especificar:_______________	**Padrão Pensênico:** ( ) Hígido. ( ) Patológico. ( ) Motivação. ( ) Higiene consciencial. ( ) Concentração mental. **Equilíbrio:** ( ) Emocional. ( ) Pensênico. ( ) Bem-estar mental.

CONDIÇÕES DO AMBIENTE INTRAFÍSICO

( ) Cômodo específico para tenepes. ( ) Cama ou poltrona confortável. ( ) Local arejado. ( ) Local escuro. ( ) Luz indireta. ( ) Ausência / baixa intensidade de ruídos. ( ) Local com ruídos. ( ) Presença de bagulho energético. ( ) Gravador. ( ) Relógio. ( ) Celular como despertador. ( ) Caixa de Pedidos. ( ) Papel e caneta para registros. ( ) Ar condicionado ligado. ( ) Ventilador. ( ) Cobertas pesadas. **Roupas:** ( ) Confortáveis. ( ) Desconfortáveis. ( ) Desnudo(a). ( ) *Outras?* ( ) Sim. ( ) Não. Especificar:_______________	( ) Base física. ( ) Casa de terceiros. ( ) Hotel. ( ) Casa / apartamento de praia. **Tenepes em viagens:** ( ) Sim. ( ) Não. ( ) Houve mudança no horário da Tenepes. ( ) Houve planejamento do tenepessista para escolha do local adequado e ajuste de horário. ( ) Auto-organização do tenepessista. ( ) Temperatura ambiente fria. ( ) Temperatura ambiente quente. **Condições no geral:** ( ) Excelentes. ( ) Ótimas. ( ) Boas. ( ) Regulares. ( ) Ruins.

PERCEPÇÕES DURANTE A TENEPES

ENERGÉTICAS/PARAPSÍQUICAS

Projeção:	**Exteriorização energética:**
Projeção durante a tenepes?	*Intensidade:*
( ) Sim. ( ) Não.	( ) Forte.
( ) Consciente.	( ) Média.
( ) Semiconsciente.	( ) Fraca.
( ) Assistida.	( ) Exteriorização continuada.
Outros fenômenos observados:	( ) Exteriorização intermitente de energia.
( ) Psicofonia.	( ) Exteriorização com momentos de pausa.
( ) Movimento de braços.	( ) Ectoplasmia.
( ) Clarividência.	*Chacra predominante:*
( ) Clariaudiência.	( ) Palmochacras.
( ) Estado Vibracional.	( ) Coronochacra.
( ) Banho energético.	( ) Frontochacra.
( ) Precognição.	( ) Laringochacra.
Presença do amparador:	( ) Esplenicochacra.
( ) Houve facilidade em perceber.	( ) Sexochacra.
( ) Houve dificuldade em perceber.	( ) Nucalchacra.
( ) Captação de ideias.	( ) Cardiochacra.
( ) Pensene patológico.	( ) Umbilicochacra.
( ) Pensene hígido.	( ) Plantochacras.
Acoplamento:	*Sensações:*
Qual é o padrão da(s) consciex(es)?	( ) Aragem.
( ) Positivo.	( ) Encapsulamentos.
( ) Negativo.	( ) Balonamento.
Como foi o acoplamento: ______________________________	( ) Esvaimento
As consciências pertencem a um determinado grupo?	( ) Descoincidência.
( ) Sim. ( ) Não.	( ) Expansão abdominal.
Especificar:________________	( ) Sensação de revigoramento.
______________________________	( ) Outras? ( ) Sim. ( ) Não.
______________________________	Especificar:____________

FÍSICAS

( ) Alteração da respiração. ( ) Câimbras. ( ) Frio. ( ) Relaxamento profundo. ( ) Calor. ( ) Diurese. ( ) Sonolência. ( ) Lacrimejamento. ( ) Aceleração da digestão. ( ) Dores.	( ) Náuseas. ( ) Bem-estar. ( ) Adormecimento. ( ) Dormência. ( ) Sudorese. ( ) Cefaleia. ( ) Apagamento. ( ) Catalepsia. ( ) *Outras?* ( ) Sim. ( ) Não. Especificar:____________

PSICOLÓGICAS

( ) Devaneio. ( ) Taquipsiquismo. ( ) Concentração. ( ) Dispersão. ( ) Perda da noção espaço-temporal.	( ) Acalmia. ( ) Lucidez acima da média. ( ) Euforia. ( ) *Outras?* ( ) Sim. ( ) Não. Especificar:____________

PERCEPÇÕES APÓS A TENEPES

ENERGÉTICAS/PARAPSÍQUICAS

( ) Sensação de término da tenepes. ( ) Sensação de acoplamento com assistido. ( ) Sensação da presença do amparador após a tenepes. ( ) Assimilação.	( ) Desassimilação. ( ) Refazimento energético. ( ) Ressaca energética. ( ) *Outras?* ( ) Sim. ( ) Não. Especificar:____________

FÍSICAS

( ) Sensação de excitação. ( ) Sensação de homeostase e tranquilidade.	( ) *Outras?* ( ) Sim. ( ) Não. Especificar:____________

PSICOLÓGICAS

( ) Solução de problemas. ( ) Lucidez acima da média. ( ) Euforia.	( ) *Outras?* ( ) Sim. ( ) Não. Especificar:____________

BIBLIOGRAFIA GERAL

1. **Aurélio,** Buarque de H. F. ***Novo Dicionário Aurélio.*** 2. ed.; Rio de Janeiro, RJ: Objetiva, 1986.

2. **Houaiss**, Antônio; ***Dicionário Houaiss da Língua Portuguesa***; LXXXIV + 2922 p.;1.384 abrevs.; 1 foto; glos. 228.500 termos; 6 ilus.; 1 microbiografia; 19 tabs.; 1.582 refs. (datações etimológicas); 804 refs.; 31 x 22 x 7,5 cm; enc.; Rio de Janeiro, RJ: Objetiva, 2004.

3. **Houaiss**, Antônio; **Villar**, Mauro de Salles; **Franco**, Francisco Manuel de Mello; Instituto Antônio Houaiss de Lexografia; **Dicionário Houaiss de Sinônimos e Antônimos**; 954 p.; 24,5 x 17,5 cm; br; Rio de Janeiro, RJ: Objetiva, 2003.

BIBLIOGRAFIA ESPECÍFICA

1. **Alegretti,** Wagner; ***Retrocognições Lembranças de vidas passadas;*** 282 termos; 147 abrev. alf.; 21 x 14 cm, br.; 1ª ed. Rio de Janeiro, RJ: Instituto Internacional de Projeciologia e Conscienciologia (IIPC), 1998; páginas 167, 168.

2. **Amado,** Flávio et al; ***Devaneio na Tenepes;*** Artigo; *Revista Conscientia;* v. 14, n. 2; Foz do Iguaçu, PR: Centro de Altos Estudos da Conscienciologia (CEAEC), abr./jun., 2010; páginas 261-268.

3. **Aoki,** Márcio; ***Campo Energético Potencializador da Invéxis.*** Artigo; *Revista Conscientia;* v. 9, n. 3; Foz do Iguaçu, PR: Centro de Altos Estudos da Conscienciologia (CEAEC), abr/jun., 2005; páginas 210-215.

4. **Idem**; ***Considerações sobre a Antecipação da Tenepes;*** *Revista Conscientia;* v. 11, n. 2; Foz do Iguaçu, PR: Centro de Altos Estudos da Conscienciologia (CEAEC), abr./jun., 2007; páginas 126, 127.

5. **Azevedo**, Francisco Ferreira dos Santos; ***Dicionário Analógico da Língua Portuguesa: ideias afins/thesaurus;*** 763 p.; 23,5 x 16 cm.; br.; 2ª ed. Rio de Janeiro, RJ; 2010.

6. **Balona**, Málu; ***Autocura Através da Reconciliação;*** 11 caps.; 342 p.; 1ª ed. Rio de Janeiro, RJ: Instituto Internacional de Projeciologia e Conscienciologia (IIPC); 2003; página 92.

7. **Brennan,** Barbara Ann; ***Mãos de Luz;*** 21. ed.; São Paulo, SP: Pensamento, 2006; página 76.

8. **Christoff**, Kalina; *et al.*; ***"Experience sampling during fMRI reveals default network and executive system contributions to mind wandering"****; Edited by Michael I. Posner, University of Oregon*, Eugene, March 27, 2009; Neurociências "*Estudo mostra como devaneios podem ajudar a resolver problemas*" reportagem baseada no estudo publicado na revista Proceedings of the National Academy of Sciences; *Revista Mente e Cérebro;* 18 jun, 2009.

9. **Cunha**, Antônio Geraldo da.; ***Dicionário Etimológico Nova Fronteira da Língua Portuguesa;*** 2ª ed. Rio de Janeiro, RJ; 1986.

10. **Fernandes,** Pedro; ***Paraprofilaxia Aplicada à Proéxis;*** Artigo; *Revista Conscientia;* Mensário; v. 11, s. 1; 24 enus.; 2 *websites;* 14 refs.; Foz do Iguaçu, PR: Centro de Altos Estudos da Conscienciologia (CEAEC), fevereiro, 2007; páginas 75 a 88.

11. **Idem**; ***Sinergismo Tenepes-Epicentrismo: Base da Autodesperticidade;*** Artigo; *Revista Conscientia;* Revista; Mensário; v. 14, n. 2; 19 enus.; 4 refs.; Foz do Iguaçu, PR: Centro de Altos Estudos da Conscienciologia (CEAEC), dez., 2010; páginas 338 a 349.

12. **Freud,** Sigmund; '***The Relation of the Poet to Day-Dreaming'****;* 1925; C.P., 4, 172-183. (Trad. de I. F. Frant Duff).

13. **Gardner**, Joy; ***Cura vibracional através dos chacras, com luz, cor, som, cristais e aromaterapia.*** Tradução Gilson Cesar Cardoso de Sousa. São Paulo: Cultrix, 2007.

14. **Gesing**, Alzira; ***Intencionalidade;*** *Revista Conscientia;* Bimensário; v. 7, n. 4; Foz do Iguaçu, PR: Centro de Altos Estudos da Conscienciologia (CEAEC), out./dez., 2003; páginas137-148.

15. **Idem**; ***Técnica do Acoplamento com o Amparador;*** *Revista Conscientia;* v. 7, n. 2; Foz do Iguaçu, PR: Centro de Altos Estudos da Conscienciologia (CEAEC), abr/jun., 2003; páginas 70 a 75.

16. **Leadbeater**, C. W.; ***Os Chakras: Os Centros Vitais do Ser Humano;*** *Pensamento*; São Paulo, SP; 2006.

17. **Leite**, H.; ***O papel da tenepes na conquista da desperticidade;*** Artigo; *Revista Conscientia;* Trimestral; 9 enus.; 3 refs.; v. 11, n. 2; Foz do Iguaçu, PR: Centro de Altos Estudos da Conscienciologia (CEAEC), abr./jun., 2007; página 50.

18. **Idem; *Procedimentos práticos para alcançar a desperticidade;*** Artigo; *Revista Conscientia;* Trimestral; 11 enus.; 4 refs.; v. 8; n. 2; *Centro de Altos Estudos da Conscienciologia* (CEAEC); Foz do Iguaçu, PR; abr./jun., 2004; páginas 47-53.

19. **Munari**, Luciano; ***Ectoplasma - Descobertas de Um Médico Psiquiatra;*** 1. ed.; *Conhecimento;* Limeira, SP: 2008; página 17.

20. **Musskopf,** Tony; ***Autenticidade Consciencial;*** pref. Kátia Arakaki; revisores Claudio Lima; *et al,;* 376.; 6 seções; 107 caps.; 71 abrevs.; 22 *E-mails;* 155 enus.; 81 estrangeirismos; 1 microbiografia; 1 questionário; 3 tabs.; 19 *websites;* glos. 237 termos; glos. 11 termos (neológico especializado); 6 filmes; 508 refs.; 1 anexo; alf.; geo.; ono.; 23,5 x 16,5 cm; br.; Foz do Iguaçu, PR: Associação Internacional Editares, 2012; página 130.

21. **Nader**, Rosa; ***Experiência de Reeducação Consciencial para Autosuperação de Conflitos;*** *Revista Concientia;* v .7, n. 4; Foz do Iguaçu, PR: Centro de Altos Estudos da Conscienciologia (CEAEC), out./dez., 2003; páginas 168 -181.

22. **Nick,** Eva & **Cabral,** Álvaro; ***Dicionário Técnico de Psicologia;*** 352 p.; 14 edição; São Paulo, SP: Cultrix, 2006.

23. **Oliveira**, Sérgio Felipe de; ***Glândula Pineal: Ciência e Mito***; *Boletim Médico-Espírita* 11. São Paulo, SP: AME, 1997.

24. **Paludetto,** Leonardo. ***Autoconsciencioterapia através do Estado Vibracional;*** Artigo; *Revista Conscientia;* v. 9, n. 3; Foz do Iguaçu, PR: Centro de Altos Estudos da Conscienciologia (CEAEC), jul/set.; 2005; página 280.

25. **Porto,** Derly Perez; Anotações de aula do Curso Integrado de Projeciologia e Conscienciologia; *Instituto Internacional de Projeciologia e Conscienciologia* (IIPC); 1997.

26. **Rhine,** J.B.; ***Novas Fronteiras da mente.;*** New York: Farrar & amp; Rinehart.; 1937.

27. **Ribeiro,** Anna Maria Costa; ***O esplendor dos chakras e das cores;*** São Paulo, SP: Roca, 2002.

28. **Salgues,** L.; ***Posicionamento pessoal para a prática da tenepes;*** Artigo; *Revista Conscientia;* Trimestral; v. 11; n. 2; Foz do Iguaçu, PR: Centro de Altos Estudos da Conscienciologia (CEAEC), abr./jun.; 2007; páginas 132-142.

29. **Schmit,** Luimara; ***Autoincorruptibilidade;*** *Revista Conscientia;* v. 7, n. 4; Foz do Iguaçu, PR: Centro de Altos Estudos da Conscienciologia (CEAEC), out./dez.; 2003; páginas 157 a 162.

30. **Scheinpflug**, Werner; Curso ECP2 Extensão em Conscienciologia e Projeciologia 2, *Manual do Aluno; IIPC Instituto Internacional de Projeciologia e Conscienciologia* (IIPC); Organização Werner Scheinpflug, Revisão Ana Luiza Resende, Cesar Iria Machado, Luciano Vicenzi; 1ª ed. Foz do Iguaçu, 2005.

31. **Souza**, Simone; ***Autodefesa Energética na Geração de Saúde Consciencial: Um Experimento Pessoal;*** *Revista Conscientia;* v. 7, n. 1; V Jornada de Saúde da Consciência e II Simpósio de Autoconsciencioterapia; Foz do Iguaçu, PR: Centro de Altos Estudos da Conscienciologia (CEAEC), jan./mar., 2008; páginas 42 a 47.

32. **Tornieri**, Sandra; ***Mapeamento da sinalética energética parapsíquica***; 296 p.; il; Foz do Iguaçu, PR: Associação Internacional Editares, 2015; página 29.

33. **Trivelatto**, Nancy; ***Atributos mensuráveis da técnica do estado vibracional***; *Journal of Conscienciology* n. 42.

34. **Tubino**, Mattieu; ***Um fluído chamado ectoplasma;*** 1ª ed. Niterói, RJ: Lachâtre, 1997; página 29.

35. **Vicenzi,** Luciano; ***Coragem para Evoluir***; 200 p.; 2ª ed. Foz do Iguaçu, PR: Associação Internacional Editares, 2005; páginas 151, 152, 153.

36. **Vieira,** Waldo; ***200 Teáticas da Conscienciologia: Especialidades e Subcampos;*** revisores Alexander Steiner; *et al.;* 260 p.; 200 caps.; 15 *E-mails;* 8 enus.; 1 foto; 1 microbiografia; 2 *websites;* 13 refs.; alf.; 21 x 14 cm; br.; Rio de Janeiro, RJ: Instituto Internacional de Projeciologia e Conscienciologia (IIPC), 1997; páginas 84, 122.

37. **Idem**; ***700 Experimentos da Conscienciologia;*** 1.058 p.; 700 caps.; 147 abrevs.; 600 enus.; 8 índices; 2 tabs.; 300 testes; glos. 280 termos; 5.116 refs.; alf.; geo.; ono.; 28,5 x 21,5 x 7 cm; enc.; Rio de Janeiro, RJ: Instituto Internacional de Projeciologia e Conscienciologia (IIPC), 1994; páginas 374, 393, 521, 579, 636, 682, 725.

38. **Idem** (Org.); ***Enciclopédia da Conscienciologia***; 9.000 p.; 104 microbiografias; 124 tabs.; 2.146 verbetes prescritivos; 103 verbetógrafos colaboradores; 7ª ed. (Eletrônica), versão-protótipo rev. e aum. Foz do Iguaçu, PR: Associação Internacional Editares, 2012; páginas 1104 a 1106, 2011, 2467 a 2472, 2840 a 2845, 3431 a 3434, 4340 a 4343, 5003 a 5006, 5456 a 5460, 7658 a 7661, 8869 a 8871, 9407 a 9410, 10477 a 10480. (Verbetes: *Afisiologia; Atitude Pró-Amparador Extrafísico; Binômio Tenepes Autopesquisa; Código Pessoal de Cosmoética; Conscin Tenepessável; Efeito do estado vibracional; Extra da Tenepes; Gratificação Cognopolita; Olhar de Fraternidade; Priorização da Proéxis; Registro Tenepessista; Tenepes Inspiradora; Tesaurização).*

39. **Idem**; ***Homo sapiens reurbanisatus***; 1.584 p.; 479 caps.; 40 ilus.; 25 tabs.; 597 enus.; glos. 241 termos; 413 estrangeirirsmos; 7.653 refs.; 102 filmes; 139 abrevs.; geo.; ono.; Alf.; 28,5 x 21, 5 x 7 cm; enc.; Foz do Iguaçu, PR: Centro de Altos estudos da Conscienciologia, 2003; páginas 132 a 467.

40. **Idem**; ***Léxico de Ortopensatas***; 900 p.; 2 volumes; 6476 verbetes das letras A a Z; 20.800 ortopensatas; 28, x 21; Foz do Iguaçu, PR: Centro de Altos estudos da Conscienciologia, 2014; página 1140.

41. **Idem**; ***Manual da Tenepes;*** 138p.; 34 caps.; 5 refs.; glos. 282 termos; 147 abervs.; Alf.; 21x14 cm; BR.; Rio de Janeiro, RJ: Instituto Internacional de Projeciologia e Conscienciologia (IIPC), 1995; páginas 11, 21, 27, 49, 53, 55.

42. **Idem**; ***Manual de Redação da Conscienciologia;*** 276 p.; 28 cm; 2ª ed. Foz do Iguaçu, PR: Centro de Altos estudos da Conscienciologia, 2002.

43. **Idem**; ***O que é a Conscienciologia;*** 2ª ed. Rio de Janeiro, RJ: Instituto Internacional de Projeciologia e Conscienciologia (IIPC), 2003.

44. **Idem; *Projeciologia: Panorama das Experiências da Consciência Fora do Corpo Humano***; XVI + 1.248 p.; 525caps.; 150 abrevs.; 43 ilus.; 5 índices; 1 sinopse; glos. 300 termos; 1907 refs.; geo; ono; alf.; 28 x 21 x 6,5 cm; enc.; 4ª ed.; rev. e aum. Rio de Janeiro, RJ: Instituto Internacional de Projeciologia e Conscienciologia (IIPC), 1999; páginas 200, 207, 260, 301-303, 563, 686.

45. **Idem; *Projeções da Consciência: Diário de Experiências fora do Corpo Físico;*** 212 p.; glos. 24 termos; alf.; 21 x 14 cm; br.; 3ª ed. Londrina, PR: Livraria e Editora Universalista, 1989; páginas 44 a 47.

INFOGRAFIA ESPECÍFICA

1. **Alprim,** Alex; ***Ectoplasma Rompendo a Barreira Física;*** Disponível em: http://www.espirito.org.br/portal/publicacoes/esp-ciencia/003/ectoplasma.html; Acesso em 20/05/2010.

2. **Borges**, Roxana Cardoso Brasileiro. ***Eutanásia, ortotanásia e distanásia: breves considerações a partir do biodireito brasileiro;*** Jus Navigandi; Teresina; ano 10, n. 871, 21 nov. 2005. Disponível em: http://jus.uol.com.br/revista/texto/7571; Acesso em: 30/08/2011.

3. **Bresciani,** Eduardo**; *Comissão do senado aprova ortotanásia - proposta entraria em vigor 180 dias após ser sancionada;*** Site G1**;** Disponível em: http://g1.globo.com/noticias/politica/0,,mul14005025601,00comissao+do+senado+aprova+ortotanasia.html; Acesso em 02/12/09 as 13h43; atualizado em 02/12/09 as 13h50.

4. **Conscienciopédia;** Enciclopédia Digital da Conscienciologia; Verbete: ***Ectoplastia***; disponível em:http://pt.conscienciopedia.org/index.php?title=Ectoplastia&redirect=no; Acesso em 05/02/2014 as 19:48h.

5. **DeRose**, Comendador; ***Chacras e Kundalini***; Método de Rose Kobrasol; disponível em: http://www.yogakobrasol.org/html/#; Extraído de Chacras, Kundalini e Poderes Paranormais; Ed. Nobel; Acesso em 16/10/2011.

6. **Trivellato**, Nancy; ***Chacras: Ferramentas para o Autoconhecimento;*** *Academia Internacional da Consciência* (IAC), Londres. Disponível em: http://www.iacworld.org/Portuguese/Resources/Articles/Chakras.aspx.

7. **Vieira,** Waldo (**Org.**); ***Aporte Tenepessológico;*** Verbetes da Enciclopédia da Conscienciologia analisados em tertúlias; *Centro de Altos estudos da Conscienciologia*; Foz do Iguaçu, PR; Disponível em: http://www.tertuliaconscienciologia.org/index.php?option=com_docman&Itemid=13; Acesso em 28/06/2014.

8. **Idem** (Org.); ***Autopacificação Tenepessista;*** Verbetes da Enciclopédia da Conscienciologia analisados em tertúlias; *Centro de Altos estudos da Conscienciologia*; Foz do Iguaçu, PR; Disponível em: http://www.tertuliaconscienciologia.org/index.php?option=com_docman&Itemid=13; Acesso em 28/06/2014.

9. **Idem** (Org.); ***Autoqualifcação Pré-Tenepes*;** Verbetes da Enciclopédia da Conscienciologia analisados em tertúlias; *Centro de Altos estudos da Conscienciologia*; Foz do Iguaçu, PR ; Disponível em: http://www.tertuliaconscienciologia.org/index.php?option=com_docman&Itemid=13; Acesso em 28/06/2014.

10. **Idem** (Org.); ***Extrapolacionismo Pré-tenepessista*** ;Verbetes da Enciclopédia da Conscienciologia analisados em tertúlias; *Centro de Altos estudos da Conscienciologia*; Foz do Iguaçu, PR; Disponível em: http://www.tertuliaconscienciologia.org/index.php?option=com_docman&Itemid=13; Acesso em 28/06/2014.

11. **Idem** (Org.); ***Medida Cognitiva Tenepessológica;*** Verbetes da *Enciclopédia da Conscienciologia analisados em tertúlias*; *Centro de Altos estudos da Conscienciologia*; Foz do Iguaçu, PR; Disponível em: http://www.tertuliaconscienciologia.org/index.php?option=com_docman&Itemid=13; Acesso em 28/06/2014.

12. **Idem** (Org.); ***Pedido de Tenepes;*** Verbetes da *Enciclopédia da Conscienciologia analisados em tertúlias*; *Centro de Altos estudos da Conscienciologia*; Foz do Iguaçu, PR; Disponível em: http://www.tertuliaconscienciologia.org/index.php?option=com_docman&Itemid=13; Acesso em 28/06/2014.

13. **Idem** (Org.); ***Sinergismo Estado Vibracional Tenepes*;** Verbetes da *Enciclopédia da Conscienciologia analisados em tertúlias*; *Centro de Altos estudos da Conscienciologia*; Foz do Iguaçu, PR; Disponível em: http://www.tertuliaconscienciologia.org/index.php?option=com_docman&Itemid=13; Acesso em 28/06/2014.

14. **Idem** (Org.); ***Sinergismo Tenepes Projetabilidade Lúcida*;** Verbetes da *Enciclopédia da Conscienciologia analisados em tertúlias*; *Centro de Altos estudos da Conscienciologia*; Foz do Iguaçu, PR; Disponível em: http://www.tertuliaconscienciologia.org/index.php?option=com_docman&Itemid=13; Acesso em 28/06/2014.

15. **Idem** (Org.); ***Sinergismo Tenepes Retrocognição;*** Verbetes da *Enciclopédia da Conscienciologia analisados em tertúlias*; *Centro de Altos estudos da Conscienciologia*; Foz do Iguaçu, PR; Disponível em: http://www.tertuliaconscienciologia.org/index.php?option=com_docman&Itemid=13; Acesso em 28/06/2014.

GLOSSÁRIO DA CONSCIENCIOLOGIA

Observação. Aqui estão listadas 282 denominações, palavras-compostas, expressões e seus equivalentes técnicos da Conscienciologia. Fonte: Manual da Tenepes, 1995.

Abordagem extrafísica – Contato de uma consciência com outra nas dimensões extrafísicas.

Acidente parapsíquico – Distúrbio físico ou psicológico gerado por influências energéticas, interconscienciais, doentias, em geral de origem extrafísica ou multidimensional.

Acoplamento áurico – Interfusão das energias holochacrais entre duas ou mais consciências.

Agenda extrafísica – Anotação por escrito da relação de alvos conscienciais extrafísicos, prioritários – seres, locais ou ideias, que o projetor projetado procura alcançar gradativamente, de maneira cronológica, estabelecendo esquemas inteligentes para seu desenvolvimento.

Alucinação (Latim: *hallucinari,* errar) – Percepção aparente de objeto externo não presente no momento; erro mental na percepção dos sentidos, sem fundamento em uma realidade objetiva.

Alvo mental projetivo – Meta predeterminada que a conscin objetiva alcançar, através da vontade, intenção, mentalização e decisão, ao se ver lúcida fora do soma.

Amência consciencial – Condição da consciência incapaz de pensar com equilíbrio mental razoável.

Amparador – Consciex auxiliadora de uma conscin ou de várias conscins; benfeitor extrafísico. Expressões equivalentes, arcaicas, desgastadas e envilecidas pelo emprego continuado: *anjo de guarda; anjo guardião; anjo de luz; guia; mentor.*

Andaimes conscienciais – *Muletas* psicológicas ou fisiológicas quando dispensáveis.

Androchacra (*andro + chacra*) – O sexochacra do homem.

Andropensene (palavra composta: *andro + pen + sen + ene*) – Pensene específico da conscin masculina primitiva ou o *machão.*

Androssoma (*andro + soma*) – O corpo humano masculino ou específico do homem.

Animismo (Latim: *animus,* alma) – Conjunto dos fenômenos intra e extracorpóreos produzidos pela conscin, sem interferências externas, por exemplo, o fenômeno da projeção consciente induzida pela própria vontade.

Antipensene (*anti + pen + sen + ene*) – O pensene antagônico, comum nas refutações, nos omniquestionamentos e nos debates produtivos.

Aparição intervivos – Ação do aparecimento da consciência do projetor humano, projetado, às conscins.

Assedialidade – Intrusão pensênica interconsciencial, doentia. Expressão equivalente, anacrônica: *obsessão*; há numerosas conscins que se defendem contra esta palavra.

Assim (*as + sim*) – Assimilação simpática de ECs, ou energias conscienciais, pela vontade, não raro com a decodificação de um conjunto de pensenes de outra (s) consciência (s).

Atacadismo consciencial – Sistema de comportamento individual caracterizado pela diretriz de se levar em conjunto, ou de eito, os atos conscienciais, sem deixar rastros ou *gaps* evolutivos, negativos, para trás.

Aura (Latim: *aura,* sopro de ar) **orgástica** – Energia holochacral do *facies sexualis* do homem ou da mulher no momento exato do orgasmo ou do clímax do ato sexual.

Aura peniana – Energia sexochacral em torno do pênis, notadamente quando em ereção, perceptível por qualquer pessoa motivada, em especial pelo próprio homem excitado sexualmente.

Autobilocação (Grego: *autos,* próprio; latim, *bis,* dois; e *locus,* lugar) **consciencial** – Ato de o projetor (ou projetora) intrafísico encontrar e contemplar o próprio corpo humano (soma) frente a frente, estando a sua consciência (conscin) fora dele, sediada noutro veículo de manifestação consciencial.

Autoconsciencialidade – Qualidade do nível de autoconhecimento por parte da própria consciência; megaconhecimento.

Autoconscientização multidimensional (**AM**) – Condição da lucidez madura da conscin quanto à vida consciencial no estado evoluído de multidimensionalidade, alcançado através da PL, ou projetabilidade lúcida.

Autoimperdoador – Conscin – homem ou mulher – que não se perdoa, em suas autodisciplinas, quanto aos próprios erros e omissões, a fim de eliminar as autocorrupções conscientes. Esta condição sadia se antepõe à condição, também sadia, do *hetero*perdoador (ou *hetero*perdoadora), *perdoador universal,* sincero, em relação a todos os seres, para sempre, *um princípio básico da maxifraternidade.*

Automimese existencial – Imitação, por parte da conscin, das próprias vivências ou experiências passadas, sejam do renascimento intrafísico atual ou de existências anteriores.

Automimeticidade – Qualidade consciencial da automimese existencial.

Autopensene (*auto* + *pen* + *sen* + *ene*) – O pensene da própria consciência.

Autoprojeção – Saída da conscin para outra dimensão consciencial, através do mentalsoma, ou do psicossoma, intencional ou provocada pela vontade.

Base física – Local seguro, escolhido pela conscin para deixar o seu soma, inanimado ou repousando, enquanto se projeta conscientemente para outras dimensões conscienciais fora dele; *duplódromo.* Um holopensene projeciogênico domiciliar. Apresenta relação direta com: a alcova energeticamente blindada, a tenepes, o epicon, a ofiex, o *projetarium,* o *precognitarium;* e o *retrocognitarium.*

Binômio lucidez – rememoração – Conjunto das duas condições indispensáveis à conscin para que a mesma obtenha uma projeção lúcida (fora do soma) plenamente satisfatória.

Biopensene (*bio* + *pen* + *sen* + *ene*) – O pensene específico da consciência humana.

Bitanatose – Desativação e descarte do holochacra, depois da dessoma, incluindo a retirada dos resquícios das conexões energéticas do holochacra no psicossoma; *segunda morte;* segunda dessoma.

Bradipensene (*bradi* + *pen* + *sen* + *ene*) – O pensene de fluxo vagaroso, próprio da consciência humana bradipsíquica.

Cardiochacra (*cardio* + *chacra*) – O quarto chacra básico, agente influente na emotividade da conscin, vitalizador do coração e dos pulmões.

Casal incompleto – Par de homem e mulher que *não* chega a formar o casal íntimo (aquele casal que pratica o ato sexual completo), contudo, mantém forte laço afetivo.

Catatonia extrafísica – Condição fixa da conscin, quando projetada, que mantém atos extrafísicos estereotipados, repetidos e, em geral, inúteis ou dispensáveis quanto à sua evolução.

Cérebro abdominal (V. **Subcérebro abdominal**).

Chacra – Núcleo ou campo limitador de energia consciencial, cujo conjunto constitui basicamente o holochacra, paracorpo energético dentro do soma, fazendo a junção com o psicossoma, atuando como ponto de conexão pelo qual a EC flui de um veículo consciencial para outro.

Ciclo mentalsomático – O ciclo ou curso evolutivo da consciência que se inicia na sua condição de CL, ou consciência livre, em que desativa definitivamente o seu psicossoma (terceira dessoma) e vive tão-só com o mentalsoma.

Ciclo multiexistencial – Sistema ou condição de alternância contínua, em nosso nível evolutivo médio, de um período de renascimento intrafísico *(seriéxis)* com outro período pós-desativação somática, extrafísico, ou a *intermissão.*

Clima interconsciencial – Condição do multientendimento em um encontro interconsciencial, estabelecida através de pensenes afinizados, especialmente *carregados* nas ECs, ou energias conscienciais. Há climas, *climinhas* e *climões* interconscienciais.

Compléxis (*comple* + *exis*) – Condição da completude existencial da proéxis da consciência humana.

Comunidade extrafísica – Reunião e vida em comum de consciexes em uma dimensão extrafísica.

Con – Unidade hipotética de medida do nível de lucidez da conscin ou da consciex.

Concentração consciencial – Estado da focalização direta, sem desvios, dos sentidos, atributos conscienciais, vontade e intenção da consciência sobre um só objeto.

Consciência (Latim: *con* + *scientia,* com conhecimento) **livre (CL)** – Consciência – ou melhor: consciex – que se libertou definitivamente (desativação) do psicossoma ou paracorpo emocional, e das fieiras das vidas humanas, situada na *hierarquia evolutiva* depois do *Homo sapiens serenissimus.*

Consciênciês – Idioma telepático, não simbólico, nativo nas dimensões conscienciais das Sociexes muito evoluídas.

Conscienciograma – Planilha técnica das medidas avaliativas do nível de evolução da consciência; megateste consciencial que tem por modelo o *Homo sapiens serenissimus,* responsável por uma conta corrente egocármica positiva. Instrumento básico empregado nos testes conscienciométricos.

Conscienciologia – Ciência que estuda a consciência de modo integral, holossomático, multidimensional, multimilenar, multiexistencial e, sobretudo, conforme as suas reações perante as EIs e as ECs, bem como em seus múltiplos estados.

Conscienciólogo (a) – Conscin empenhada no estudo permanente e na experimentação objetiva, dentro do campo de pesquisas da Conscienciologia, na qualidade de agente de renovações evolutivas *(agente retrocognitor),* no trabalho libertário das consciências em geral.

Consciencciometria – Disciplina que estuda as medidas conscienciológicas, ou da consciência, através dos recursos e métodos oferecidos pela Conscienciologia, capazes de assentar as bases possíveis da *matematização da consciência.* Instrumento principal: conscienciograma.

Conscienciocterapia – Tratamento, alívio ou remissão de distúrbios da consciência, executados através dos recursos e técnicas derivados da Conscienciologia.

Consciex (*consci* + *ex*) – Consciência *extra*física; o paracidadão ou paracidadã da Sociex. Sinônimo envilecido pelo uso: *desencarnado.*

Conscin (*consci* + *in*) – Consciência *intra*física; a personalidade humana; o cidadão ou cidadã da Socin. Sinônimo envilecido pelo uso: *encarnado.*

Continuísmo consciencial – Condição da inteireza – sem brechas – na continuidade da vida consciencial através da previsão providencial e do autorrevezamento evolutivo, ou seja: a emenda desta vivência do momento às vivências imediatamente anterior e posterior, incessantemente, em um todo coeso e único, sem interrupção de continuidade nem experiências conscienciais estanques.

Contracorpo – O mesmo que holochacra, o veículo específico da EC da conscin.

Contrapensene (*contra* + *pen* + *sen* + *ene*) – Pensene *intra*consciencial da conscin; refutação mental muda; *palavra mental;* o pensene mudo; um tipo de *intrapensene.*

Copensene (*co* + *pen* + *sen* + *ene*) – O pensene da coopção específica do coro, dos rezadores em grupo e das multidões.

Cordão de ouro – Suposto elemento energético – à semelhança de um controle remoto – que mantém o mentalsoma ligado ao paracérebro do psicossoma.

Coronochacra (*corono* + *chacra*) – O chacra da área do sincipúcio, *coroa* o holochacra.

Cosmoconsciência – Condição ou percepção interior da consciência do cosmo, da vida e da ordem do Universo, em uma exaltação intelectual e cosmoética impossível de se descrever, quando a consciência sente a presença viva do Universo e se torna una com ele, em uma unidade indivisível. Há comunicação interconsciencial nesta condição peculiar.

Cosmoética (*cosmo + ética*) – Ética ou reflexão sobre a moral cósmica, multidimensional, que define a holomaturidade, situada além da moral social, intrafísica, ou que se apresenta sob qualquer rótulo humano.

Cosmoeticidade – Qualidade cosmoética da consciência.

Cosmopensene (*cosmo + pen + sen + ene*) – Pensene específico do consciencíês ou do estado da cosmoconsciência; forma de comunicação do consciencíês.

Curso grupocármico – Conjunto dos estágios da consciência dentro do grupo consciencial evolutivo.

Curso intermissivo – Conjunto de disciplinas e experiências teáticas administradas à consciex, depois de determinado nível evolutivo, durante o período da intermissão consciencial, dentro do seu ciclo de existências pessoais, objetivando o completismo consciencial (compléxis) da próxima seriéxis.

Dermatologias da consciência – Expressão composta atribuída às Ciências convencionais, fisicalistas, subordinadas ao paradigma newtoniano-cartesiano, mecanicista, que centram as suas pesquisas tão-somente no soma, porque não dispõem da instrumentalidade necessária para as investigações técnicas, diretas, da consciência em si; dermatologias da conscin. Ciências periconscienciais.

Desassim (*desas + sim*) – Desassimilação simpática de ECs exercida pela impulsão da vontade, normalmente através do EV.

Descoincidência vígil – Condição parapsíquica da conscin – projetor ou projetora – em que a mesma se percebe com o psicossoma fora do estado da coincidência, em plena vigília física ordinária, sem se sentir completamente integrada ao soma, gerando a intensificação de parapercepções e fenômenos energéticos e parapsíquicos.

Desperticidade – Qualidade consciencial do ser desperto.

Desperto (*des + per + to*) – Ser intrafísico, ou conscin, desassediado, permanente, total, plenamente autoconsciente da sua qualidade de desperticidade.

Dessoma (*des + soma*) – Desativação somática, próxima e inevitável para todas as conscins; projeção final; *primeira morte*; morte biológica; monotanatose. A dessoma (simplesmente) ou *primeira* dessoma é a desativação do corpo humano ou soma. A *segunda* dessoma é a desativação do holochacra. A *terceira* dessoma é a desativação do psicossoma.

Devaneio – Enredo fantasioso criado pela imaginação durante o estado da vigília física ordinária da consciência humana.

Dimener (*dime + ener*) – Dimensão energética das consciências; dimensão holochacral; dimensão *três-e-meia*. Dimensão natural do holochacra.

Dupla evolutiva – Duas consciências que interagem positivamente em evolução conjunta; condição existencial de *evolutividade intercooperativa* a dois.

Ectopia consciencial – Execução insatisfatória da proéxis, de maneira excêntrica, deslocada, fora do roteiro programático escolhido para a própria vida intrafísica.

Egocarma (*ego + carma*) – Princípio de causa e efeito, atuante na evolução da consciência, quando centrado exclusivamente no ego em si. Estado do livre-arbítrio preso ao egocentrismo infantil.

Egopensene (*ego + pen + sen + ene*) – O mesmo que autopensene; a *unidade de medida* do egoísmo consciencial, segundo a Conscienciologia, ou, mais apropriadamente, a Consciênciometria.

Energia consciencial (**EC**) – A energia imanente que a consciência emprega em suas manifestações em geral; o *ene* do pensene.

Energia imanente (**EI**) – Energia primária, vibratória, essencial, multiforme, impessoal, difusa e dispersa em todos os objetos ou *realidades* do Universo, de modo onipotente, ainda indomada pela consciência humana, e demasiadamente sutil para ser descoberta e detectada pelos atuais instrumentos tecnológicos.

Enumerologia – Técnica didática de feitura e processamento de textos, centrada na autocrítica informativa.

Epicon (*epi + con*) – Epicentro consciencial; conscin-chave do epicentrismo operacional, que se torna um fulcro de lucidez, assistencialidade e construtividade interdimensional, através da ofiex. Tem relação direta com a *tenepes* ou a tarefa energética pessoal.

Era consciencial – Aquela na qual a média das conscins encontrar-se-á suficientemente evoluída, através dos impactos, redefinições e revoluções criadas pela vivência da projetabilidade lúcida (PL), implantando-se o *primado da autoconsciencialidade*.

Estado de animação suspensa – Aquele no qual a conscin tem suspensas, temporariamente, as funções vitais essenciais do seu corpo celular, retornando, depois, às suas condições fisiológicas normais, em certos casos sem ocorrer quaisquer danos à sua saúde, sobrevivendo as células em metabolismo de hibernação humana.

Estado vibracional (**EV**) – Condição técnica de dinamização máxima das energias do holochacra, através da impulsão da vontade.

Estigma assediador – Um insucesso, sempre dramático, em geral patológico, ou uma derrota evolutiva, assentada, em geral, em uma auto-obcecação consciencial geradora da melin ou da melex. Muitas vezes, resulta em acidentes parapsíquicos.

Euforex (*eufor* + *ex*) – Condição de euforia extrafísica, após a desativação somática, gerada pelo cumprimento razoável da proéxis; euforia *post-mortem*; paraeuforia; euforia pós-somática.

Euforin (*eufor* + *in*) – Condição da euforia intrafísica, antes da desativação somática gerada pelo cumprimento razoável da proéxis; euforia *pré-mortem*. Condição predisponente ideal à moréxis positiva.

Eunuco consciencial – Conscin castrada e manipulada consciencialmente pelos sectários, domesticadores dos *robôs satisfeitos,* os escravos modernos da massa impensante.

Existência holochacral – Vida intrafísica ou a seriéxis da consciência humana.

Existência trancada – Vivência humana ou da seriéxis sem a produção de PCs; vida humana troposférica somente com projeções inconscientes, vegetativas, características do estado do paracoma evolutivo; seriéxis trancada.

Experiência da Quase-Morte (**EQM**) – Ocorrência projetiva, involuntária ou forçada por circunstâncias humanas, críticas, da consciência humana, comum a doentes terminais, pacientes morituros e sobreviventes da morte clínica.

Extrafísico – Relativo àquilo que esteja fora, ou além, do estado *intra*físico ou humano; estado consciencial *menos* físico do que o soma.

Fenômeno concomitante à PC – O que ocorre no *continuum* espaço-tempo ou não, mas simultaneamente com o desenvolvimento da experiência da projeção consciente, de modo espontâneo e inesperado.

Fenômeno projetivo – Ocorrência parapsíquica específica do âmbito de pesquisa da Projeciologia.

Fitopensene (*fito* + *pen* + *sen* + *ene*) – O pensene rudimentar da planta; a *unidade léxica* da planta, segundo a Conscienciologia.

Geoenergia (*geo* + *energia*) – Energia imanente (EI) proveniente do solo ou da terra e absorvida pela conscin através da *pré-kundalini.* Expressão arcaica: *energia telúrica.*

Gestação consciencial – Produtividade evolutiva, útil, da consciência humana, dentro do quadro de obras pessoais da programática da sua proéxis.

Ginochacra (*Gino* + *chacra*) – O sexochacra da mulher.

Ginopensene (*gino* + *pen* + *sen* + *ene*) – O pensene específico da linguagem e comunicabilidade feminina.

Ginossoma *(gino* + *soma)* – O corpo humano feminino ou específico da mulher, especializado na reprodução animal da vida intrafísica da conscin; o corpo afrodisíaco.

Grafopensene (*grafo* + *pen* + *sen* + *ene*) – A *assinatura pensênica* da consciência humana.

Grecex (*gr* + *ec* + *ex*) – Grupo de reciclantes existenciais; reunião e vivência intrafísica, conjunta, em grupo, objetivando a experiência das recéxis planificadas. Plural: grecexes.

Grinvex (*gr* + *inve* + *ex*) – Grupo de inversores existenciais; reunião e vivência intrafísica, conjunta, em grupo, objetivando a experiência das invéxis planificadas. Plural: grinvexes.

Grupalidade – Qualidade do grupo evolutivo da consciência; condição da evolutividade em grupo.

Grupocarma (*grupo* + *carma*) – Princípio de causa e efeito, atuante na evolução da consciência, quando centrado no grupo evolutivo. Estado do livre-arbítrio individual, preso ao grupo evolutivo.

Grupopensene (*grupo* + *pen* + *sen* + *ene*) – O pensene sectário, corporativista e antipolicármico; mas o grupopensene pode ser também construtivo.

Heteropensene (*hetero* + *pen* + *sen* + *ene*) – O pensene de outrem em relação a nós.

Hiperacuidade – Qualidade da lucidez máxima da conscin alcançada pela recuperação – que lhe é possível – dos cons.

Hiperespaços conscienciais – Dimensões conscienciais extrafísicas.

Hiperpensene (*hiper* + *pen* + *sen* + *ene*) – O pensene heurístico; a ideia original da descoberta; o pensene neofílico; a *unidade de medida* da invenção, segundo a Conscienciometria.

Hipnagogia (Grego: *hipnos,* sono; e *agogós,* condutor) – Condição crepuscular de transição da consciência entre o estado da vigília física ordinária e o estado do sono natural. É um estado alterado da consciência.

Hipnopompia (Grego: *hipnos,* sono; e *pompikós,* procissão) – Condição de transição do sono natural, introdutória ao despertamento físico, no semissono que precede o ato de acordar, caracterizada por imagens oníricas com efeitos auditivos e visões alucinatórias que subsistem após o despertar. É um estado alterado da consciência.

Hipopensene (*hipo* + *pen* + *sen* + *ene*) – O mesmo que protopensene ou fitopensene.

Holocarma (*holo* + *carma*) – Reunião dos 3 tipos de ações e reações conscienciais – egocarma, grupocarma e policarma – dentro dos princípios de causa e efeito, atuantes na evolução da consciência.

Holochacra (*holo* + *chacra*) – Paracorpo energético da consciência humana.

Holochacralidade – Qualidade das manifestações da conscin derivadas do holochacra.

Holomaturidade (*holo* + *maturidade*) – Condição da maturidade integrada – biológica, psicológica, holossomática e multidimensional – da consciência humana.

Holomemória (*holo* + *memória*) – Memória causal, composta, multimilenar, multiexistencial, implacável, ininterrupta, pessoal, que retém todos os fatos relativos à consciência; multimemória; polimemória.

Holopensene (*holo* + *pen* + *sen* + *ene*) – Pensenes agregados ou consolidados. Sinônimo envilecido pelo uso: *egrégora*. Esta palavra gera resistência em larga faixa dos leitores sérios das ciências.

Holopensene domiciliar – Base física; alcova energeticamente blindada; ofiex.

Holorgasmo (*holo* + *orgasmo*) – Orgasmo holossomático; êxtase máximo gerado pelas energias de todo o holossoma.

Holossoma (*holo* + *soma*) – Conjunto dos veículos de manifestação da conscin: soma, holochacra, psicossoma e mentalsoma; e da consciex: psicossoma e mentalsoma.

Holossomática – Estudo específico do holossoma.

Homeostase holossomática – Estado integrado, hígido, de harmonia do holossoma.

Homopensene (*homo* + *pen* + *sen* + *ene*) – O pensene da emissão e da recepção telepática; a *unidade de medida* na telepatia, segundo a Conscienciometria.

Homo sapiens serenissimus – Consciência quando na vivência integral da condição do serenismo lúcido. Sinônimo de emprego popular: *Serenão*.

Incompléxis (*in* + *comple* + *exis*) – Condição existencial da proéxis incompleta da consciência humana.

Instituição conscienciocêntrica – Aquela que centraliza seus objetivos na consciência em si, e em sua evolução, ao modo do Instituto Internacional de Projeciologia e Conscienciologia (IIPC); cooperativa consciencial, dentro da Socin Conscienciológica, com base nos vínculos empregatício e consciencial.

Interfusão holossomática – Estado das assins máximas entre duas consciências.

Intermissão – Período extrafísico da consciência entre duas das suas seriéxis pessoais.

Intermissão pós-somática – Período extrafísico da consciência imediato à sua desativação somática.

Intermissão pré-somática – Período extrafísico da consciência anterior ao seu renascimento intrafísico.

Intermissibilidade – Qualidade do período de intermissão de uma consciência.

Interprisão grupocármica – Condição da inseparabilidade grupocármica do princípio consciencial evolutivo ou consciência.

Intraconsciencialidade – Qualidade das manifestações específicas da intimidade da consciência.

Intrafisicalidade – Condição da vida intrafísica, humana, ou da existência da consciência humana.

Intrapensene (*intra* + *pen* + *sen* + *ene*) – Pensene *intra*consciencial da consciência humana.

Intrusão energética – Invasão de uma consciência em outra através das ECs ou do holochacra.

Intrusão espermática – Introdução do esperma de um homem no sexossoma da mulher, durante o ato sexual.

Intrusão holochacral – Invasão de uma conscin em outra através do holochacra; intrusão energética.

Intrusão holossomática – Invasão de uma consciência em outra através de todo o holossoma.

Intrusão interconsciencial – Ação exercida por uma consciência sobre outra.

Intrusão mnemônica – Colisão da memória intrusiva de uma consciex assediadora sobre a memória cerebral de uma conscin assediada *(paramnésia)*.

Intrusão pensênica – Invasão de uma consciência em outra através do mentalsoma.

Intrusão psicossomática – Invasão de uma consciência em outra através da emocionalidade, ou pelo psicossoma.

Intrusão volitiva – Invasão da vontade de uma consciência em outra através da heterossugestão ou hetero-hipnose.

Inversor existencial – Conscin que se dispõe a executar a invéxis na vida intrafísica.

Invexibilidade – Qualidade da execução intrafísica da invéxis.

Invéxis (*inv* + *éxis*) – Técnica da inversão existencial executada pela consciência humana.

Macro-PK destrutiva – Psicocinesia ou PK *(psychokinesis)* nociva, capaz de acarretar prejuízos à conscin, podendo estes, inclusive, serem fatais ao soma.

Macrossoma (*macro* + *soma*) – Soma fora-de-série ou *supermaceteado* para a execução de uma proéxis específica.

Mandato pré-intrafísico – Programação existencial para a vida humana planejada antes do renascimento intrafísico da consciência; proéxis.

Maturidade integrada – Estado da maturidade consciencial mais evoluída, além da maturidade biológica ou física, e da maturidade mental ou psicológica; holomaturidade.

Maxifraternidade – Condição interconsciencial, universalista, mais evoluída, fundamentada na fraternidade pura da consciência autoimperdoadora e heteroperdoadora, meta inevitável na evolução de todas as consciências. Sinônimo: Megafraternidade.

Maximoréxis (*maxi* + *mor* + *éxis*) – Condição da moréxis existencial – a maior - ou quando vem para a conscin *completista,* na qualidade de acréscimo ou adendo (base superavitária), quanto ao compléxis da sua proéxis; portanto, a execução de um *extra sadio* de um mandato existencial concluído.

Maxipensene (*maxi* + *pen* + *sen* + *ene*) – O pensene peculiar às CLs ou Consciências Livres.

Maxiprimener (*maxi* + *prim* + *ener*) – Condição da primavera energética máxima ou prolongada.

Maxiproéxis (*maxi* + *pro* + *éxis*) – Programação existencial máxima, *por atacado,* ou visando à execução de tarefa na vivência do universalismo e da maxifraternidade, com bases policármicas.

Megameta - O objetivo maior da autoevolução para a consciência.

Megapensene (*mega* + *pen* + *sen* + *ene*) – Ortopensene, pensamento correto, cosmoético.

Megapoder – A condição evoluída de lucidez magna, cosmoética da consciência.

Megatraf*ar* (*mega* + *tra* + *far*) – O traf*a*r máximo da consciência.

Megatraf*or* (*mega* + *tra* + *for*) – O traf*o*r máximo da consciência.

Melex (*mel* + *ex*) – Condição da melancolia extrafísica, pós-somática ou *post-mortem*; paramelancolia.

Melin (*mel* + *in*) – Condição da melancolia intrafísica ou *pré-mortem*.

Mentalsoma (*mental* + *soma*) – Corpo mental; o *paracorpo* do discernimento da consciência. Plural: *mentaissomas*.

Metassoma (*meta* + *soma*) – O mesmo que psicossoma, instrumento extrafísico de consciexes e conscins.

Microuniverso consciencial – A consciência considerada de per si, como um todo, englobando todos os seus atributos, pensenes e manifestações no desenvolvimento da sua evolução. O microcosmo da consciência em relação ao macrocosmo do Universo.

Mimese cosmoética – Impulso social produtivo de imitação dos antepassados evoluídos.

Minimoréxis (*mini* + *mor* + *exis*) – Condição da moratória existencial – a menor - ou quando vem para a conscin *incompletista* ressarcir o seu *deficit holocármico* (base deficitária) ou concluir a condição do compléxis quanto à sua proéxis; portanto, o acabamento de um mandato existencial ainda inconcluso.

Minipensene (*mini* + *pen* + *sen* + *ene*) – O pensene específico da criança, às vezes em função do cérebro ainda em desenvolvimento.

Miniprimener (*mini* + *prim* + *ener*) – Condição da primavera energética mínima ou efêmera.

Miniproéxis (*mini* + *pro* + *exis*) – Programação existencial mínima, *a varejo*, ou objetivando a execução de uma tarefa mínima, ainda grupocármica.

Mnemossoma (*mnemo* + *soma*) – O soma considerado especificamente quanto à memória da consciência, em todas as suas formas.

Monitoria extrafísica – Condição da assistência de consciexes sadias em favor da conscin equilibrada, quando esta desempenha tarefa da consolação ou do esclarecimento, também equilibrada.

Monodotação consciencial – Vida intrafísica sob a pressão de assédios constantes de seres doentios experienciada pela conscin medíocre, de poucos talentos, sem versatilidade.

Monopensene (*mono* + *pen* + *sen* + *ene*) – O pensene repetitivo; o monoideísmo; a ideia fixa; o eco mental; *re*pensene.

Monotanatose – O mesmo que *dessoma; primeira morte.*

Moréxis (*mor* + *exis*) – Condição da moratória existencial, ou um complemento de vida intrafísica, facultado a determinadas conscins, conforme o seu mérito holocármico. A moréxis pode apresentar uma base deficitária – a menor – minimoréxis; ou superavitária – a maior – maximoréxis, quanto aos resultados da proéxis.

Morfopensene (*morfo* + *pen* + *sen* + *ene*) – O pensamento ou um conjunto de pensamentos quando reunidos e se expressando, de algum modo, como uma *forma.* Expressão arcaica, agora em desuso: *forma-pensamento.* A acumulação de morfopensenes compõe o holopensene.

Neofilia – Adaptação fácil da conscin às situações, coisas e acontecimentos novos. Oposto de neofobia.

Neopensene (*neo* + *pen* + *sen* + *ene*) – O pensene da conscin, quando se manifesta através de novas sinapses ou conexões interneuroniais, capaz de criar a recin ou a reciclagem *intra*consciencial; a *unidade de medida* da renovação consciencial, segundo a Conscienciologia, ou, mais apropriadamente, a Conscienciometria.

Ofiex (*ofi* + *ex*) – Oficina extrafísica do epicon intrafísico (praticante da tenepes). Os recursos e *instalações* extrafísicas da ofiex são múltiplos e surpreendentes. Um holopensene domiciliar.

Oniropensene (*oniro* + *pen* + *sen* + *ene*) – O mesmo que patopensene.

Orientador Evolutivo – Consciência coadjutora da coordenação inteligente da proéxis, ou da evolução consciencial de uma ou mais consciências, do mesmo grupocarma. Condição evolutiva entre o ser desperto e o Serenão.

Ortopensene (*orto* + *pen* + *sen* + *ene*) – O pensene *reto* ou cosmoético, próprio da holomaturidade consciencial; a *unidade de medida* da cosmoética prática, segundo a Conscienciometria.

Pangrafia – Escrita parapsíquica multímoda, abrangente e sofisticada.

Para – Prefixo que significa *além de, ao lado de,* como em *paracérebro.* Significa, também, *extrafísico.*

Paracérebro – Cérebro extrafísico do psicossoma da consciência nos estados extrafísico (consciex), intrafísico (conscin) e projetado, quando através do psicossoma.

Paracomatose consciencial – Estado de coma extrafísico da conscin, quando projetada, que permanece invariavelmente inconsciente, portanto, sem rememorações extrafísicas.

Paradigma consciencial – Teoria-líder da Conscienciologia fundamentada na própria consciência.

Parafisiologia – Fisiologia dos veículos de manifestação da consciência, excluído o corpo humano ou soma.

Paragenética – A genética adstrita às heranças da consciência, através do psicossoma, da vida anterior ao embrião humano.

Para-homem – Consciex com visual de homem ou conscin-homem projetada. Expressão sinônima, desgastada e envilecida pelo uso: *entidade espiritual masculina.*

Paramulher – Consciex com visual de mulher ou conscin-mulher projetada. Expressão sinônima, desgastada e envilecida pelo uso: *entidade espiritual feminina.*

Parapatologia – Patologia dos veículos de manifestação da consciência, excluído o corpo humano ou soma.

Parapensene (*para* + *pen* + *sen* + *ene*) – O pensene específico da consciex ou consciência extrafísica.

Passes-para-o-escuro – Expressão popular para significar a transmissão técnica, diária, de energias conscienciais, ou ECs, por uma conscin, diretamente a consciexes, conscins projetadas, ou no estado da vigília física ordinária, com assistência permanente de amparadores. Expressão técnica: *tenepes* (*ta*refa *ene*rgética *pes*soal).

Patopensene (*pato* + *pen* + *sen* + *ene*) – O pensene patológico ou da amência consciencial; o *pecadilho mental;* a vontade patológica; a intenção doentia; a *ruminação cerebral.*

Pensen (*pen* + *sen*) – Pensamento e sentimento.

Pensene (*pen* + *sen* + *ene*) – Unidade de manifestação prática da consciência, segundo a Conscienciologia, que considera o pensamento ou ideia (concepção), o sentimento ou a emoção, e a EC (energia consciencial) em conjunto, de modo indissociável.

Pensenedor – Instrumento pelo qual a consciência manifesta os seus pensamentos e atos. No caso específico da conscin, o pensenedor fundamental é o soma.

Pensenidade – Qualidade da consciência pensênica de alguém.

Podossoma (*podo* + *soma*) – O soma considerado especificamente quanto à aplicação dos pés ou o trabalho com os pés, por exemplo, o do jogador de futebol.

Policarma (*poli* + *carma*) – Princípio de causa e efeito, atuante na evolução da consciência, quando centrado no senso e vivência da maxifraternidade cósmica, além do egocarma e do grupocarma.

Porão consciencial – Fase de manifestação infantil e adolescente da conscin, até chegar ao período da adultidade, caracterizada pelo predomínio dos traf*a*res mais primitivos da consciência multiveicular, multiexistencial e multimilenar.

Pré-casal – Condição inicial, preliminar ou de tateios, da sexualidade humana prática dentro da Socin.

Precognição (Latim: *pre,* antes; *cognoscere,* conhecer) **extrafísica** – Faculdade perceptiva pela qual a consciência, plenamente projetada para fora do corpo humano, fica conhecendo fatos indeterminados vindouros, inclusive objetos, cenas e formas distantes, no tempo futuro.

Precognitarium – Base física preparada tecnicamente para a produção de PCs precognitivas.

Pré-kundalini – Chacra secundário plantar. Há 2 plantochacras no holossoma da conscin. Expressão própria da Conscienciologia.

Pré-serenão – Conscin, ou consciex, que ainda não vive o serenismo lúcido.

Pré-serenão intrafísico alternante – Conscin capaz de viver consciente, ao mesmo tempo, no estado da vigília física ordinária e projetada, de quando em quando, em dimensões extrafísicas.

Primener (*prim* + *ener*) – Primavera energética; condição pessoal, mais ou menos duradoura, de apogeu das ECs sadias e construtivas.

Primener a dois – Primavera energética da dupla evolutiva, cujos parceiros se amam de fato e dominam as aplicações das ECs sadias, com inteira lucidez, construindo as suas proéxis através de gestações conscienciais.

Primopensene (*primo* + *pen* + *sen* + *ene*) – O mesmo que *causa primária do Universo;* o primeiro pensamento que foi composto. Este vocábulo não tem plural.

Princípios pessoais – Conjunto de valores e iniciativas norteadores da vida consciencial, escolhido pela consciência, a partir da holomaturidade, multidimensionalidade e cosmoética vivida.

Proéxis (*pro* + *exis*) – Programação existencial específica de cada conscin em sua seriéxis.

Proéxis avançada – Programação existencial da conscin, líder evolutiva, dentro de uma tarefa libertária específica do grupocarma, mais universalista e policármica, onde é *mini*peça lúcida e atuante dentro do *maxi*mecanismo da equipe multidimensional.

Projeção consciente (PC) – Projeção da conscin para além do soma; experiência extracorpórea.

Projeção consciente assistida – Aquela pela qual a conscin vê-se assistida durante o experimento, de modo direto, por um amparador, quase sempre perito em projetabilidade lúcida (PL).

Projeção semiconsciente (PSC) – Experiência onírica em que a conscin projetada se reconhece lúcida em parte, de modo desordenado. Não é uma projeção consciencial ideal; sonho lúcido.

Projeciocrítica – Crítica projeciológica.

Projeciografia – Estudo técnico dos registros projeciológicos.

Projeciologia (Latim: *projectio,* projeção; grego: *logos,* tratado) – Ciência que estuda as projeções da consciência e seus efeitos, inclusive as projeções das ECs para fora do holossoma.

Projecioterapia – Ciência das profilaxias e terapias derivadas das pesquisas e técnicas da Projeciologia.

Projetabilidade lúcida (PL) – Qualidade parafisiológica, projetiva, lúcida, da consciência, capaz de descoincidir-se ou tirar os seus veículos de manifestação da condição de alinhamento do holossoma, inclusive através da impulsão da própria vontade.

Projetarium – Base física preparada tecnicamente para a produção das PCs.

Protopensene (*proto + pen + sen + ene*) – O pensene mais rudimentar; o mesmo que fitopensene ou hipopensene.

Psicossoma (Grego: *psyckhé,* alma; *soma,* corpo) – Paracorpo emocional da consciência; o *corpo objetivo* da conscin.

Quirossoma (*quiro + soma*) – O soma considerado especificamente quanto à aplicação das mãos ou o trabalho manual.

Recesso projetivo – Fase existencial da conscin caracterizada pela cessação espontânea – temporária quase sempre – das experiências projetivas lúcidas, dentro de uma sequência de experimentos intensivos.

Recexibilidade – Qualidade da execução intrafísica da recéxis.

Recéxis (*rec + exis*) – Técnica da reciclagem existencial executada pela consciência humana.

Reciclante existencial – Conscin que se dispõe a executar a recéxis.

Recin (*reci* + *in*) – A reciclagem intrafísica, existencial, *intra*consciencial ou a renovação cerebral da conscin através da criação de novas sinapses ou conexões interneuroniais capazes de permitir o ajuste da proéxis, a execução da recéxis, a invéxis, a aquisição de ideias novas, os neopensenes, os hiperpensenes e outras conquistas neofílicas da consciência humana automotivada.

Repensene (*re* + *pen* + *sen* + *ene*) – O pensene repetido. O mesmo que *mono*pensene, ideia fixa ou monoideísmo.

Repercussões parapsicofísicas – Reações entre 2 veículos de manifestação consciencial, durante o ato de entrarem em contato entre si, tanto entre veículos diferentes de uma consciência, ou entre veículos semelhantes de duas ou mais consciências. Tais repercussões podem ser intrafísicas e extrafísicas.

Retrocognição (Latim: *retro,* atrás; *cognoscere,* conhecer) – Faculdade perceptiva pela qual a conscin fica conhecendo fatos, pertencentes ao tempo passado distante, comumente relacionados com a sua holomemória.

Retrocognitarium – Base física preparada tecnicamente para a produção de projeções conscientes (PCs) retrocognitivas.

Retropensene (*retro* + *pen* + *sen* + *ene*) – O pensene específico das autorretrocognições; o mesmo que o *engrama* da Mnemotécnica; a *unidade de medida* das retrocognições, segundo a Conscienciometria.

Robéxis (*rob* + *exis*) – Robotização existencial; condição da conscin troposférica, excessivamente escravizada à intrafisicalidade ou quadridimensionalidade.

Romance extrafísico – Conjunto dos atos pelos quais a conscin namora ou mantém um caso afetivo sadio ou positivo, estando projetada fora do soma.

Sedução holochacral – Ação energética, com intenção dominadora mais ou menos consciente, de uma consciência sobre outra (s).

Sene (*sen* + *ene*) – Sentimento e energia consciencial.

Serenão – Nome popular do *Homo sapiens serenissimus.*

Serialidade – Qualidade da consciência sujeita à seriéxis.

Seriéxis (*seri* + *exis*) – 1. Seriação existencial evolutiva da consciência; existências sucessivas; renascimentos intrafísicos em série. 2. Vida humana ou intrafísica. Sinônimo desgastado e envilecido pelo uso excessivo para a primeira acepção: *reencarnação;* esta palavra arcaica não mais atinge as pessoas sérias dedicadas às pesquisas de ponta da consciência.

Sexochacra (*sexo + chacra*) – O chacra radical ou sexual básico da consciência humana. Expressão antiga relativa à EC deste chacra: *kundalini (o fogo serpentino).*

Sexopensene (*sexo + pen + sen + ene*) – A fantasia sexual; a *unidade de medida* do adultério mental, segundo a Conscienciometria.

Sexossoma (*sexo + soma*) – O soma considerado especificamente quanto ao seu sexo.

Sexossoma feminino afrodisíaco – O soma da mulher, considerado especificamente quanto ao sexo, quando em condições plásticas capazes de atuar como afrodisíaco. Veja *Ginossoma.*

Sexossomática – Estudo específico do soma quanto ao seu sexo, ou sexossoma, e suas relações com a conscin, seja o homem ou a mulher.

Sinalética parapsíquica – Existência, identificação e emprego autoconsciente dos sinais energéticos, anímicos, parapsíquicos e personalíssimos, ou que toda conscin possui.

Sociex (*soci + ex*) – Sociedade Extrafísica ou das consciexes. Plural: Sociexes.

Socin (*soci + in*) – Sociedade Intrafísica ou das conscins; Sociedade Humana. Plural: Socins.

Soltura do holochacra – Condição de liberdade relativa de atuação do paracorpo energético da conscin, em relação ao psicossoma e ao soma.

Soma – Corpo humano; o corpo do indivíduo do reino *Animal,* filo *Cordata,* classe *Mamíferos,* ordem *Primatas,* família *Hominídia,* gênero *Homo,* espécie *Homo sapiens,* o mais elevado nível de animal sobre este Planeta; apesar do exposto, o veículo mais rústico do holossoma da consciência humana.

Sonho – Estado consciencial natural intermediário entre o estado da vigília física ordinária e o sono natural, caracterizado por um conjunto de ideias e imagens que se apresentam à consciência. O sonho aflitivo que tem como efeitos a agitação, a angústia e a opressão durante o seu desenvolvimento, recebe os nomes de: *pesadelo; terror noturno; alucinação pesadelar.*

Sono – Estado natural de repouso no homem e nos animais superiores que se caracteriza especialmente pela supressão normal e periódica da atividade perceptiva, da motricidade voluntária, e da vida de relação, pelo relaxamento dos sentidos e dos músculos, pela diminuição das frequências circulatória e respiratória, e ainda pela atividade onírica; durante o qual o organismo recupera-se da fadiga.

Subcérebro abdominal – O umbilicochacra (centro de energia consciencial acima do umbigo), quando escolhido inconscientemente pela conscin, ainda de evolução medíocre, para sede de suas manifestações. O cérebro abdominal, *pseudo*cérebro abdominal, ou *sub*cérebro abdominal é a *eminência parda* do cérebro natural, encefálico (coronochacra e frontochacra); um embaraço indefensável na autoevolução consciente.

Subpensene (*sub + pen + sen + ene*) – O pensene carregado pelas energias conscienciais adstritas ao *sub*cérebro abdominal, notadamente do umbilicochacra; a *unidade de medida* do subcérebro abdominal, segundo a Conscienciometria.

Tacon (*ta + con*) – Tarefa da consolação, assistencial, pessoal ou grupal, primária.

Taquipensene (*taqui + pen + sen + ene*) – O pensene de fluxo rápido, próprio da conscin taquipsíquica.

Tares (*tar + es*) – Tarefa do esclarecimento, assistencial, pessoal ou grupal, avançada. Plural: tarefas do esclarecimento.

Teática (*te + ática*) – Vivência conjunta da teoria e da prática por parte da conscin ou da consciex.

Telepensene (*tele + pen + sen + ene*) – O mesmo que homopensene.

Tenepes (*t + ene + pes*) – Tarefa energética pessoal, diária, multidimensional, com assistência permanente de amparadores, a longo prazo ou para o restante da vida intrafísica. Expressão popular: *passes para o escuro.*

Traf*a*r (*tra + far*) – Traço-f*a*rdo da personalidade da conscin; componente negativo da estrutura do microuniverso consciencial que a consciência ainda não consegue alijar de si ou desvencilhar-se até o momento.

Traf*o*r (*tra + for*) – Traço-f*o*rça da personalidade da conscin; componente positivo da estrutura do microuniverso consciencial que impulsiona a evolução da consciência.

Tridotação consciencial – Qualidade dos 3 talentos conjugados mais úteis ao conscienciólogo: a intelectualidade, o parapsiquismo e a comunicabilidade; tridotalidade consciencial.

Tritanatose – Desativação e descarte do psicossoma com a entrada da consciência do *Homo sapiens serenissimus* na condição de Consciência Livre (CL); *terceira dessoma.*

Umbilicochacra (*umbilico + chacra*) – O chacra umbilical (acima do umbigo) ou relativo à fisiologia e parafisiologia (abdominais) da consciência humana.

Universalismo – Conjunto de ideias derivadas da universalidade das leis básicas da Natureza e do Universo e que, através da evolução natural da consciência, torna-se inevitavelmente, a sua filosofia dominante; cosmismo.

Varejismo consciencial – Sistema primário de comportamento individual caracterizado pela ação através de atos conscienciais menores, isolados e de mínimo resultado produtivo ou efeito evolutivo magno.

Veículo da consciência – Instrumento ou corpo pelo qual a consciência se manifesta na intrafisicalidade (conscin) e nas dimensões extrafísicas (conscin projetada e consciex).

Verbação (*verb* + *ação*) – Interação prática do verbo e da ação no comportamento coerente da consciência; resultado da palavra ratificada pelo exemplo através dos testemunhos vividos pela conscin.

Vírus da Socin – Qualquer traf*a*r social na vida intrafísica da consciência humana.

Vivência pessoal (**VP**) – Experimentação prática, pessoal, direta, intransferível, da conscin em seu caminho evolutivo.

Xenofrenia (Grego: *xenos,* estranho; *phrem,* mente) – Estado da consciência humana, fora do padrão normal da vigília física ordinária, induzido por agentes físicos, fisiológicos, psicológicos, farmacológicos ou parapsíquicos.

Xenopensene (*xeno* + *pen* + *sen* + *ene*) – O pensene intrusivo do assediador nas ocorrências de intrusão pensênica ou assedialidade; a *cunha mental;* a *unidade de medida* do assédio interconsciencial, segundo a Conscienciometria.

Zoopensene (*zoo* + *pen* + *sen* + *ene*) – O pensene do animal subumano, sem autoconsciencialidade; a *unidade de medida* do princípio consciencial do animal subumano, segundo a Conscienciometria.

ÍNDICE REMISSIVO

Instituições Conscienciocêntricas (ICs)

ICs. As Instituições Conscienciocêntricas (ICs) são organizações cujos objetivos, metodologias de trabalho e modelos organizacionais estão fundamentados no *Paradigma Consciencial.* A atividade principal das ICs é apoiar a evolução das consciências através da *tarefa do esclarecimento* pautada pelas *verdades relativas de ponta,* encontradas nas pesquisas no campo da Ciência Conscienciologia e especialidades.

Voluntariado. Todas as Instituições Conscienciocêntricas são associações independentes, de caráter privado, sem fins de lucro e mantidas predominantemente pelo trabalho voluntário de professores, pesquisadores, administradores e profissionais de diversas áreas.

CCCI. O conjunto das Instituições Conscienciocêntricas e dos voluntários da Conscienciologia no planeta compõe a *Comunidade Conscienciológica Cosmoética Internacional* (CCCI) formada atualmente por 23 ICs, incluindo a *Associação Internacional Editares.*

AIEC – Associação Internacional para Expansão da Conscienciologia

Fundação: 22/04/2005
Sede: Av. Felipe Wandscheer, 6.200, sala 111, Cognópolis
Foz do Iguaçu, Paraná, Brasil, CEP: 85856-530
Tel.: +55 (45) 2102-1411
Site: www.worldaiec.org
Contato: aiec.comunicacao@gmail.com

Campus Discernimentum: Av. Felipe Wandscheer, 6.200, sala 201
Cognópolis, Foz do Iguaçu, Paraná, Brasil, CEP: 85856-530
Tel.: +55 (45) 2102-1400
Contato: contato@discernimentum.org

APEX – Associação Internacional da Programação Existencial

Fundação: 20/02/2007
Sede: Rua da Cosmoética, 1.635, Cognópolis, Caixa Postal 921, Centro
Foz do Iguaçu, Paraná, Brasil, CEP: 85853-755
Tel.: +55 (45) 3525-2652 – Fax: +55 (45) 3525-5511
Site: www.apexinternacional.org
Contato: contato@apexinternacional.org

ARACÊ – ASSOCIAÇÃO INTERNACIONAL PARA EVOLUÇÃO DA CONSCIÊNCIA

Fundação: 14/04/2001
***Campus* ARACÊ:** Rota do Conhecimento, Km 7, acesso pela BR-262 Km 87, Distrito de Aracê, Domingos Martins, Espírito Santo, Brasil
Endereço para correspondência: Caixa Postal 110, Pedra Azul
Domingos Martins, Espírito Santo, Brasil
CEP: 29278-000
Tel.: +55 (27) 9739-2400
Site: www.arace.org
Contato: associacao@arace.org

ASSINVÉXIS – ASSOCIAÇÃO INTERNACIONAL DE INVERSÃO EXISTENCIAL

Fundação: 22/07/2004
***Campus* de Invexologia:** Av. Maria Bubiak, 1.100, Cognópolis
Foz do Iguaçu, Paraná, Brasil
CEP: 85853-728
Tel.: +55 (45) 3525-0913
Site: www.assinvexis.org
Contato: contato@assinvexis.org

ASSIPEC – ASSOCIAÇÃO INTERNACIONAL DE PESQUISAS DA CONSCIENCIOLOGIA

Fundação: IC apresentada oficialmente na Tertúlia Conscienciológica do dia 14/08/2011
Sede: Rua XV de Novembro, 1.681, Vila Municipal
Jundiaí, São Paulo, Brasil
CEP: 13201-006
Tel.: +55 (11) 4521-8541
Site: www.assipec.org
Contato: assipec@assipec.org

ASSIPI – ASSOCIAÇÃO INTERNACIONAL DE PARAPSIQUISMO INTERASSISTENCIAL

Fundação: 29/12/2011
Sede: Av. Felipe Wandscheer, 6.200, sala 212, Cognópolis
Foz do Iguaçu, Paraná, Brasil
CEP: 85856-530
Tel.: +55 (11) 2102-1421 – VOIP: +55 (45) 4053-9818
Site: www.assipi.org
Contato: assipi@assipi.com

CEAEC – Associação Internacional do Centro de Altos Estudos da Conscienciologia

Fundação: 15/07/1995
Sede: Rua da Cosmoética, 1.635, Cognópolis, Caixa Postal 921, Centro
Foz do Iguaçu, Paraná, Brasil
CEP: 85853-755
Tel.: +55 (45) 3525-2652 – Fax:+55 (45) 3525-5511
Site: www.ceaec.org
Contato: ceaec@ceaec.org

COMUNICONS – Associação Internacional de Comunicação Conscienciológica

Fundação: 24/07/2005
Sede: Av. Felipe Wandscheer, 6.200, sala 206, Cognópolis
Foz do Iguaçu, Paraná, Brasil
CEP: 85856-530
Tel.: +55 (45) 2102-1409
Site: www.comunicons.org.br
Contato: comunicons@comunicons.org

CONSCIUS – Associação Internacional de Conscienciometria Interassistencial

Fundação: 24/02/2006
Sede: Av. Felipe Wandscheer, 6.200, casa 352, Cognópolis
Foz do Iguaçu, Paraná, Brasil
CEP: 85856-530
Tel.: +55 (45) 2102-1460
Site: www.conscius.org.br
Contato: conscius@conscius.org.br

CONSECUTIVUS – Associação Internacional de Pesquisas Seriexológicas e Holobiográficas

Fundação: 14/12/2014
Sede: Av. Felipe Wandscheer, 6.200, Casa 351, Cognópolis
Foz do Iguaçu, Paraná, Brasil
CEP: 85851-579
Tel.: +55 (45) 9807-1320
Site: www.consecutivus.com.br
Contato: consecutivus@consecutivus.com.br

COSMOETHOS – Associação Internacional de Cosmoeticologia

Fundação: 03/10/2015
Sede: Av. Felipe Wandscheer, 6.200, Sala 104, *Cosmoethicarium*
Cognópolis
Foz do Iguaçu, Paraná, Brasil
CEP: 85851-579
Tel.: +55 (45) 9807-1320
Site: www.cosmoethos.org.br
Contato: contato@cosmoethos.com.br

ECTOLAB – Associação Internacional de Pesquisa Laboratorial em Ectoplasmia e Paracirurgia

Fundação: 14/07/2013
Sede: Avenida Felipe Wandscheer, 6.200, sala 105, Cognópolis
Foz do Iguaçu, PR, Brasil
CEP: 85856-630
Telefone: +55 (45) 2102-1427
Site: www.ectolab.org
Contato: ectolab@ectolab.org

EDITARES – Associação Internacional Editares

Fundação: 23/10/2004
Sede: Av. Felipe Wandscheer, 6.200, sala 107, Cognópolis
Foz do Iguaçu, Paraná, Brasil
CEP: 85856-530
Tel.: +55 (45) 2102-1407 – VOIP: +55 (45) 4053-953
Site: www.editares.org.br
Shopcons: www.shopcons.com.br (portal de compra de livros)
Contato: editares@editares.org

ENCYCLOSSAPIENS – Associação Internacional de Enciclopediologia Conscienciológica

Fundação: 21/12/2013
Sede: Rua da Cosmoética, 1.635, Cognópolis
Foz do Iguaçu, Paraná, Brasil
CEP: 85853-755, Caixa Postal 921
Tel.: +55 (45) 3525-2652 – Fax: +55 (45) 3525-5511
Site: www.encyclossapiens.org
Contato: contato@encyclossapiens.org

EVOLUCIN – ASSOCIAÇÃO INTERNACIONAL DE CONSCIENCIOLOGIA PARA INFÂNCIA

Fundação: 09/07/2006
Sede: Av. Felipe Wandscheer, 6.200, sala 102, Cognópolis
Foz do Iguaçu, Paraná, Brasil, CEP: 85856-530
Tel.: +55 (45) 9909-6129
Site: www.evolucin.org
Contato: evolucin@gmail.com

INTERPARES – ASSOCIAÇÃO INTERNACIONAL DE APORTES INTERASSISTENCIAIS

Fundação: 15/05/2016
Sede: Rua da Cosmoética, 1635, sala 11, Cognópolis
Foz do Iguaçu, Paraná, Brasil, CEP: 85853-755
Tel.: +55 (45) 3525-2652
Site: www.interpares.org.br
Contato: aslascani@yahoo.com.br

IIPC – INSTITUTO INTERNACIONAL DE PROJECIOLOGIA E CONSCIENCIOLOGIA

Fundação: 16/01/1988
Sede: Av. Felipe Wandscheer, 6.200, sala 103, Cognópolis
Foz do Iguaçu, Paraná, Brasil, CEP: 85856-530
Tel.: +55 (45) 2102-1448
Site: www.iipc.org.br
Contato: iipc@iipc.org.br

***Campus* de Pesquisas IIPC:** Estrada do Universalismo, 1.177
Sampaio Correa, Saquarema, Rio de Janeiro, Brasil, CEP: 28997-970
Tel.: +55 (22) 2654-1186
Contato: campussaquarema@iipc.org

INTERCAMPI – ASSOCIAÇÃO INTERNACIONAL DOS *CAMPI* DE PESQUISAS DA CONSCIENCIOLOGIA

Fundação: 23/07/2005
Sede: Av. Antonio Basílio, 3006, sala 602, Lagoa Nova
Natal, Rio Grande do Norte, CEP: 59056-005
Tel.: +55 (84) 3211-3126
Site: www.intercampi.org
Contato: intercampi@intercampi.org

JURISCONS – Associação Internacional de Paradireitologia

Fundação: 25/04/2015
Sede: Av. Felipe Wandscheer, 6.200, sala 350 A, Cognópolis
Foz do Iguaçu, Paraná, Brasil, CEP: 85856-530
Site: www.juriscons.org
Contato: juriscons@juriscons.org

OIC – Organização Internacional de Conscienciologia

Fundação: 06/09/2003
***Campus* OIC:** Av. Felipe Wandscheer, 5.935, Cognópolis
Foz do Iguaçu, Paraná, Brasil, CEP: 85856-530
Tel.: +55 (45) 3025-1404 / 2102-1402
Site: www.oic.org.br
Contato: aco@oic.org.br

REAPRENDENTIA – Associação Internacional de Parapedagogia e Reeducação Consciencial

Fundação: 21/10/2007
Sede: Av. Felipe Wandscheer, 6.560, Cognópolis
Foz do Iguaçu, Paraná, Brasil, CEP: 85853-755
Caixa Postal 921, Centro
Tel.: +55 (45) 3525-2652 – Fax: +55 (45) 3525-5511
Site: www.reaprendentia.org
Contato: contato@reaprendentia.org.br

RECONSCIENTIA – Associação Internacional de Pesquisologia para Megaconscientização

Fundação: 02/07/2011
Sede: Felipe Wandscheer 6.200, Sala 104, Cognópolis
Foz do Iguaçu, Paraná, Brasil, CEP: 85856-530
Tel.: +55 (45) 9993-2000
Contato: pesquisologia@gmail.com

IC TENEPES – Associação Internacional de Tenepessologia

Fundação: 11/06/2016
Sede: Felipe Wandscheer 6.200, Sala 205, Cognópolis
Foz do Iguaçu, Paraná, Brasil, CEP: 85856-530
Tel.: +55 (45) 9131-2855
Site: www.ictenepes.org

UNICIN – UNIÃO DAS INSTITUIÇÕES CONSCIENCIOCÊNTRICAS INTERNACIONAIS

Fundação: 22/01/2005
Sede: Av. Felipe Wandscheer, 6.200, sala 105, Cognópolis
Foz do Iguaçu, Paraná, Brasil, CEP: 85856-530
Tel.: +55 (45) 2102-1405
Site: www.unicin.org
Contato: unicin@unicin.org

UNIESCON – UNIÃO INTERNACIONAL DE ESCRITORES DA CONSCIENCIOLOGIA

Fundação: 23/11/2008
Sede: Rua da Cosmoética, 1.635, Cognópolis
Foz do Iguaçu, Paraná, Brasil, CEP: 85853-755
Tel.: +55 (45) 3525-2652 – Fax:+55 (45) 3525-5511
Site: www.uniescon.org
Contato: uniescon.ccci@gmail.com

TÍTULOS PUBLICADOS PELA EDITARES

AUTOR	***TÍTULO***
Alessandra Nascimento / Felix Wong (Orgs.)	CONSCIENCIOLOGIA É NOTÍCIA – PROJECIOLOGIA
Alexandre Nonato	JK E OS BASTIDORES DA CONSTRUÇÃO DE BRASÍLIA
Alexandre Nonato *et. al.*	ACOPLAMENTO ENERGÉTICO
Alexandre Nonato *et. al.*	INVERSÃO EXISTENCIAL
Aline Niemeyer	MEGAPENSENES TRIVOCABULARES DA INTERASSISTENCIALIDADE
Alzemiro Rufino de Matos	VIDA: OPORTUNIDADE DE APRENDER
Ana Seno	COMUNICAÇÃO EVOLUTIVA
Antonio Pitaguari / Marina Thomaz	REDAÇÃO E ESTILÍSTICA CONSCIENCIOLÓGICA
Arlindo Alcadipani	ITINERÁRIO EVOLUTIVO DE UM RECICLANTE
Bárbara Ceotto	DIÁRIO DE AUTOCURA
Cesar Machado	ANTIVITIMIZAÇÃO
	PROATIVIDADE EVOLUTIVA
Cirleine Couto	CONTRAPONTOS DO PARAPSIQUISMO
	INTELIGÊNCIA EVOLUTIVA COTIDIANA
Dalva Morem	SEMPRE É TEMPO
Dayane Rossa	OPORTUNIDADE DE VIVER
Dulce Daou	AUTOCONSCIÊNCIA E MULTIDIMENSIONALIDADE
	VONTADE: CONSCIÊNCIA INTEIRA
Eduardo Martins	HIGIENE CONSCIENCIAL
Fernando R. Sivelli / Marineide C. Gregório	AUTOEXPERIMENTOGRAFIA PROJECIOLÓGICA
Flavia Rogick	CONSCIÊNCIA CENTRADA NA ASSISTÊNCIA
	MUDAR OU MUDAR
Flávio Buononato	ANUÁRIO DA CONSCIENCIOLOGIA 2012
	ANUÁRIO DA CONSCIENCIOLOGIA 2013
	FATOS E PARAFATOS DA COGNÓPOLIS FOZ DO IGUAÇU
Graça Razera	HIPERATIVIDADE EFICAZ
Guilherme Kunz	MANUAL DO MATERPENSENE
Jayme Pereira	BÁRBARAH VAI À ESTRELA
	PRINCÍPIOS DO ESTADO MUNDIAL COSMOÉTICO
João Aurélio / Kátia Arakaki	COGNÓPOLIS FOZ: UM LUGAR PARA SE VIVER
João Paulo Costa / Dayane Rossa	MANUAL DA CONSCIN-COBAIA

Julieta Mendonça	MANUAL DO TEXTO DISSERTATIVO
Julio Almeida	QUALIFICAÇÕES DA CONSCIÊNCIA
	QUALIFICAÇÃO AUTORAL
Kátia Arakaki	ANTIBAGULHISMO ENERGÉTICO – MANUAL
	VIAGENS INTERNACIONAIS
Laura Sánchez	LASTANOSA: MEMÓRIA E HISTÓRIA DO INTELECTUAL E HOLOTECÁRIO DO SÉCULO XVII
Lilian Zolet	PARAPSIQUISMO NA INFÂNCIA
Lilian Zolet / Flávio Buononato	MANUAL DO *ACOPLAMENTARIUM*
Lilian Zolet / Guilherme Kunz	*ACOPLAMENTARIUM:* PRIMEIRA DÉCADA
Lourdes Pinheiro / Felipe Araújo	DICIONÁRIO DE VERBOS CONJUGADOS DA LÍNGUA PORTUGUESA
Luciana Lavôr (Org.)	NOITE DE GALA MNEMÔNICA
Luciano Vicenzi	CORAGEM PARA EVOLUIR
Lucy Lutfi	VOLTEI PARA CONTAR
Luiz Bonassi	PARADOXOS
Mabel Teles	PROFILAXIA DAS MANIPULAÇÕES CONSCIENCIAIS
	ZÉFIRO
Málu Balona	AUTOCURA ATRAVÉS DA RECONCILIAÇÃO
	SÍNDROME DO ESTRANGEIRO
Marcelo da Luz	ONDE A RELIGIÃO TERMINA?
Maria Thereza Lacerda	A PEDRA DO CAMINHO
Marina Thomaz / Antonio Pitaguari (Orgs.)	TENEPES: ASSISTÊNCIA INTERDIMENSIONAL LÚCIDA
Maximiliano Haymann	PRESCRIÇÕES PARA O AUTODESASSÉDIO
	SÍNDROME DO OSTRACISMO
Miguel Cirera	*EVOLUCIÓN DE LA INTELIGENCIA PARAPSÍQUICA*
Moacir Gonçalves / Rosemary Salles	DINÂMICAS PARAPSÍQUICAS
Osmar Ramos Filho	CRISTO ESPERA POR TI (Edição Comentada)
Phelipe Mansur	EMPREENDEDORISMO EVOLUTIVO
Reinalda Fritzen	CAMINHOS DE AUTOSSUPERAÇÃO
Roberto Leimig	VIDAS DE NATURALISTA
Rodrigo Medeiros	CLARIVIDÊNCIA
Rosa Nader	MANUAL DE VERBETOGRAFIA
Roseli Oliveira	DICIONÁRIO DE EUFEMISMOS DA LÍNGUA PORTUGUESA
Rosemary Salles	CONSCIÊNCIA EM REVOLUÇÃO
	CONCIENCIA EN REVOLUCIÓN
Sandra Tornieri	MAPEAMENTO DA SINALÉTICA ENERGÉTICA PARAPSÍQUICA
Silda Dries	TEORIA E PRÁTICA DA EXPERIÊNCIA FORA DO CORPO

Tatiana Lopes	DESENVOLVIMENTO DA PROJETABILIDADE LÚCIDA
Tathiana Mota	CURSO INTERMISSIVO
Tony Musskopf	AUTENTICIDADE CONSCIENCIAL
Vera Hoffmann	SEM MEDO DA MORTE
Vera Tanuri	PERDÃO
Wagner Alegretti	RETROCOGNIÇÕES
Waldo Vieira	500 VERBETÓGRAFOS DA ENCICLOPÉDIA DA CONSCIENCIOLOGIA
	700 EXPERIMENTOS DA CONSCIENCIOLOGIA
	DICIONÁRIO DE ARGUMENTOS DA CONSCIENCIOLOGIA
	DICIONÁRIO DE NEOLOGISMOS DA CONSCIENCIOLOGIA
	ENCICLOPÉDIA DA CONSCIENCIOLOGIA
	HOMO SAPIENS PACIFICUS
	HOMO SAPIENS REURBANISATUS
	LÉXICO DE ORTOPENSATAS
	MANUAL DA DUPLA EVOLUTIVA
	MANUAL DA PROÉXIS
	MANUAL DA TENEPES
	MANUAL DOS MEGAPENSENES TRIVOCABULARES
	NOSSA EVOLUÇÃO
	O QUE É A CONSCIENCIOLOGIA
	PROJECIOLOGIA
	PROJEÇÕES DA CONSCIÊNCIA

1. ÁREA DE PESQUISA:

ESTE LIVRO PESQUISA TEMAS DA

TENEPESSOLOGIA,

ESPECIALIDADE DA CONSCIENCIOLOGIA.

2. PRINCÍPIO DA DESCRENÇA:

NÃO ACREDITE EM NADA, NEM MESMO

NAS INFORMAÇÕES EXPOSTAS NESTE

LIVRO. O INTELIGENTE É FAZER

PESQUISAS PESSOAIS SOBRE O TEMA.

www.ingramcontent.com/pod-product-compliance
Ingram Content Group UK Ltd.
Pitfield, Milton Keynes, MK11 3LW, UK
UKHW040955010926
14791UKWH00011B/1114

9 788584 770632